成就
学习高手
的 37 种自学方法

朴学万卷 编著

人民邮电出版社

北 京

图书在版编目（CIP）数据

成就学习高手的 37 种自学方法 / 朴学万卷编著.
北京 ：人民邮电出版社，2024. 9. -- ISBN 978-7-115
-64545-6

Ⅰ. G791

中国国家版本馆 CIP 数据核字第 2024D9G300 号

内 容 提 要

你还在困于希望进步，但找不到好的学习方式，或是无法进入高效学习状态，又或是学习后实践效果不佳等苦恼吗？本书是一本致力于提升学习者综合能力与效率的实用手册，旨在帮助读者在纷繁复杂的学习环境中找寻最适合自己的高效学习路径。

本书共分为八章，囊括了 37 种学习方法。第一章，帮助读者塑造高效学习节奏，以提升学习状态。第二章，提供结构化笔记或深度阅读策略以提高阅读理解力与笔记效率。第三章，教导合理设定目标及多任务管理方法，以应对复杂任务。第四章，介绍了多种可以强化记忆的方法，供读者选择应用。第五章，针对进一步深化理解知识，提供了一系列实用策略。第六章，提供了梳理复杂信息的工具手段。第七章，介绍了能帮助读者进行专项技能深度精进的方法。第八章，提供了一系列综合应用策略，全面促进学习能力与综合素质提升。

本书是一部汇集高效学习策略的宝典，提供了丰富的学习方法。无论你是遇到学习瓶颈的学生，还是渴望提升职业技能的职场人士，抑或是追求个人成长的自学者，都能从本书中找到针对性的学习方法，消除学习困扰。

◆ 编　　著　朴学万卷
　　责任编辑　陈　晨
　　责任印制　马振武

◆ 人民邮电出版社出版发行　　北京市丰台区成寿寺路 11 号
　　邮编　100164　　电子邮件　315@ptpress.com.cn
　　网址　https://www.ptpress.com.cn
　　三河市中晟雅豪印务有限公司印刷

◆ 开本：880×1230　1/32
　　印张：5.5　　　　　　　　　2024 年 9 月第 1 版
　　字数：138 千字　　　　　　2024 年 9 月河北第 1 次印刷

定价：45.00 元

读者服务热线：(010)81055296　印装质量热线：(010)81055316
反盗版热线：(010)81055315
广告经营许可证：京东市监广登字 20170147 号

前言

亲爱的读者：

欢迎开启这一段探索自我学习潜能的旅程。在快速变化的今天，学习似乎已经成为人们的终身课题。但在这个信息爆炸的时代，如何在海量的知识中找到适合自己的学习方法，提升学习力，是人们常常面临的挑战。

这正是我们编写本书的初衷。我们希望通过本书，提供一个全面、实用的学习方法指南，帮助每一位读者发掘和选择最适合自己的学习策略，无论是为了应对考试，还是为了掌握一项新技能，抑或是为了个人兴趣的拓展。

本书收录了针对多种场景和需求的学习方法。我们相信，在这些方法中，你会找到适时可用的。通过合适的方法，你将能够更加深入地了解自己的学习状态，找到提升学习力的关键，让学习成为一种乐趣，而非负担。

我们并不会给出统一的学习法则，因为每个人的学习风格和需要是不同的。我们的目标，是让你在本书中找到那些能触动内心、激发学习热情，并最终让你的学习力得到实质性提升的方法。

让我们一起探索，找到属于你的学习之道。

祝你在学习的旅途上发现更多可能，愿你的每一步都更加坚定和自信。

如何阅读本书

为了让你能更有效地获取信息，以下是我们的阅读建议。

章名

在页眉处，便于查找。

方法标签

用于快速了解学习方法的原理、应用场景和实操技巧。建立对学习方法的初步认知。

① 番茄学习法

设定固定轮换的学习和休息时间，提高专注力和学习效率

原理：基于时间管理和心理学原理，通过限定的时间段（通常为 25 分钟学习，5 分钟休息），来保持精神的饱满和专注力的持久。

应用场景：适用于需要提高学习或工作效率、管理时间、克服拖延症，或提升自我管理能力的各种场合。

实操技巧：设置计时器为 25 分钟，专心学习，之后休息 5 分钟。重复此周期，每完成四个周期后，可以安排更长的休息时间。

给大脑提供必要的休息和恢复时间，从而在长时间的工作或学习中保持效率和动力。

这背后的原因与人类的注意力周期密切相关。相关研究表明，人的专注力在短时间内能够保持得相对较好，25 分钟恰好处于这个时间范围。

如果学习变得像一场激动人心的游戏，学习会不会变得更有趣？

番茄学习法，由意大利人弗朗西斯科·西里洛于 1992 年创立。这个方法的提出源自他对如何提高学习和工作效率的探索。西里洛意识到，短暂地集中精力后休息一会儿，再学习或工作时能显著提高专注力和效率。他还发现，有效地管理时间，将长时段的学习任务分解成小块，更容易消化和理解。

✎ 专注与休息交替

番茄学习法的核心在于将工作时间和休息时间划分为固定的短时段，从而实现高效的时间管理和减轻心理压力。具体来说，这个方法是建议学习者将工作时间分为 25 分钟的专注时间（称为一个"番茄钟"）与紧跟其后的 5 分钟短暂休息。通过这种方法，个人可以在保持持续专注的同时，

✎ 番茄学习法如何把学习变成一场激动人心的探险？

每个 25 分钟的学习单元完成后，5 分钟的休息时间让你有机会短暂地远离学习的压力，就如同探险者在攀登高峰后的短暂休息，既是对过去努力的小奖励，也是为下一次冲刺做准备。这样的循环不仅提高了学习的效率，也让整个学习过程充满了乐趣和期待，激发了学习者不断探索和成长的动力。而达到这样的目标需要科学地运用番茄学习法。

> 小张是一名高中生，正在为即将到来的化学考试做准备。让我们看看他是如何通过番茄学习法把学习变成一系列小冒险的。
>
> **第一个番茄钟** 〔专注探索〕
>
> 小张设定 25 分钟的学习时间专注复习有机化学的反应机制。在这段时间里，他全身沉浸在化学的世界中，每个反应、每个分子都像一个等待解决的谜题。
>
> **攀登高峰后的短暂的休息时间**
>
> 25 分钟后，小张开始了他的第一个 5 分钟休息。他离开书桌，去窗边看看外面的世界，进行深呼吸，让思绪飞向远方。这短暂的休息让他的大脑得以放松，同时也激发了对接下来学习内容的期待。

方法介绍

介绍学习方法的核心原理及使用方法。

案例运用

代入实际学习场景，深入解读方法运用过程。

案例总结
总结实操关键点，补充运用中的注意事项。

温馨提示
提示学习过程中容易忽略的环节和信息。

实践指南
为后续运用学习方法提供重要建议及关键提示。

成就学习高手的 37 种自学方法

再次出发

第二个番茄钟

经过休息，小张返回书桌，开始下一个 25 分钟的学习旅程。这一次，他专注于练习化学方程式的平衡和相关的解题技巧。每解决一个问题，都像是在探险中发现了新大陆。

通过一天的番茄学习法，小张不仅有效地复习了化学知识，而且在每个学习和休息循环中都感到充满活力和乐趣。他发现学习不再是负担，而是一场充满挑战和乐趣的探险之旅。

掌握学习方法的关键

● **列出任务清单**：列出当天需要完成的学习任务，并预估每个任务需要的番茄钟数量。

● **任务拆分**：将大任务拆解成多个番茄钟单元，以 25 分钟为一个学习周期。

● **处理干扰**：要注意应对内部和外部干扰，提高注意力。应对内部干扰（如产生杂念），可将其记录下来后继续学习；应对外部干扰，要学会委婉地告知他人暂时无法抽身的原因并安排后续处理时间。

● **专注与休息**：要注重每个番茄钟结束后的 5 分钟休息时间，休息时尽量放松大脑，可进行简单伸展或静坐。

● **反思与调整**：每天结束时，回顾任务完成情况，对照预估时间和实际花费时间，找出差异原因，不断调整和改进学习计划。

温馨提示：在初次尝试番茄学习法时，可能会需要一些时间来适应。自我激励以及来自他人的支持和鼓励对形成良好的学习习惯至关重要。

第一章 找到更好的学习状态

番茄学习法实践指南

设定明确的任务目标

在每个番茄钟开始前，设定一个具体可实现的目标。比如，计划在接下来的 25 分钟里完成一篇报告的一部分，或者复习一个数学公式。这样的明确目标有助于提高专注度和效率。

遵循时间规则

每个专注阶段保持 25 分钟，然后休息 5 分钟。在 25 分钟的专注时间内，关闭所有社交媒体和电子邮件通知，专注于任务。使用计时器或手机应用来确保时间的精确性。当计时器响起时，不管任务是否完成，都立即开始休息。

有效利用休息时间

在 5 分钟的短暂休息期间，做一些完全不同于任务内容的活动。例如，站起来伸展身体，短暂地走动或做一些轻松的体操，或者简单地闭眼冥想。这样可以帮助大脑放松，减轻疲劳。

反思和调整

定期评估这种方法的效果。如果发现 25 分钟的专注时间过短或过长，可以适当调整，比如尝试 30 分钟专注加 5 分钟休息，找到最适合自己的节奏。记录每天的进度，以便找到最有效的工作模式。

扫码回复【164545】
领取"学习法应用模板"

目录

第一章　找到更好的学习状态

1 番茄学习法 / 12

设定固定轮换的学习和休息时间，提高专注力和学习效率

2 黄金时间学习法 / 16

利用效率最高的时间段来学习

3 GTD 时间管理法 / 20

通过有效的时间管理和任务计划将任务外化，提高专注度

4 心流学习法 / 24

通过深度专注，提升学习效果和体验

5 微学习 / 28

一种灵活、高效、个性化的学习方式，旨在积跬步于千里

第二章　让阅读或记笔记事半功倍

6 康奈尔笔记法 / 34

结构化的笔记布局提升信息整理和回顾效率

7 RORE 阅读法 / 38

通过阅读、提纲、复习、评价的步骤，深化对文本的理解

8 SQ3R 学习法 / 42

通过浏览、提问、阅读、复述和复习五步法，系统深入掌握知识

第三章　不再为多线或繁重任务而烦恼

9 定量法 / 48
通过设定具体目标和计划，专注学习内容，提高学习效率

10 四象限法 / 52
将任务按重要性及优先级分类，更高效地安排任务的执行

11 目标学习法 / 56
通过设定明确的学习目标，提高学习效率和成效

第四章　强化记忆力

12 宫殿记忆法 / 62
构建心理空间强化记忆

13 视觉记忆法 / 66
利用视觉元素加强理解和记忆

14 压缩记忆法 / 70
将知识压缩打包，减轻记忆负担

15 间隔式重复学习法 / 74
定时重复学习，增强记忆和加深理解

第五章　深化理解

16 费曼学习法 / 80
通过输出，加深对知识的理解和记忆

17 黄金三问法 / 84
提出关键问题，深化理解和记忆

18 关键词法 / 88

识别和利用关键词加深概念理解和知识框架梳理

19 命名思考法 / 92

给抽象概念命名，建立与知识的联系

20 检索式学习法 / 96

通过脱稿复述与检索复习的循环加深理解和记忆

21 故事联想法 / 100

将学习内容融合于吸引人的故事中，提升理解和记忆

第六章　将"爆炸"的信息梳理清晰

22 思维导图法 / 106

通过图形化工具组织和呈现思维框架，帮助更高效地理解和记忆复杂信息

23 概念图学习法 / 110

整理和探索知识间的联系

24 对比法 / 114

通过比较加深对不同概念的理解

第七章　专项精炼 深度学习

25 整体性学习法 / 120

通过连接知识点，整体把握和关联学习内容

26 分层强化学习法 / 124

按难易程度分层级逐一解析学习内容，逐步提升学习深度

27 刻意练习法 / 128

精练特定技能，取得大幅进步

28 西蒙学习法 / 132

持续、专注地深入研究，短时间内掌握大量知识

29 交叉法 / 136

将不同学科的知识相互融合，以提升学习的深度

30 理想困难学习法 / 140

引入适度挑战，增强学习深度，提升个人能力

第八章 综合实践 提升能力

31 六顶思考帽 / 146

通过六种不同的思考模式，有序、全面地思考问题

32 元认知策略 / 150

自我监控，调节学习过程，提高学习效率和思维能力

33 多元智能理论 / 154

基于个体特长进行发展规划

34 实践学习法 / 158

通过实践加深对知识的理解，加强对知识的应用

35 角色模拟法 / 162

通过角色扮演和情景模拟增强学习体验

36 游戏化学习 / 166

通过寓教于乐的方式，提高学习者的学习兴趣

37 模拟教学法 / 170

通过创建逼真的学习情境，在实践中掌握知识和技能

结语

第一章

找到更好的学习状态

　　将深入探讨学习的核心问题之一——如何能找到良好的学习状态？分心、拖延、效率低下，这些困扰着无数学习者。本章将指引您发现并保持最佳学习状态，助你轻松攻克学习难题，实现自我突破。

① 番茄学习法

设定固定轮换的学习和休息时间，提高专注力和学习效率

原理：基于时间管理和心理学原理，通过限定的时间段（通常为 25 分钟学习，5 分钟休息），来保持精神的饱满和专注力的持久。

应用场景：适用于需要提高学习或工作效率、管理时间、克服拖延症，或提升自我管理能力的各种场合。

实操技巧：设置计时器为 25 分钟，专心学习，之后休息 5 分钟。重复此周期，每完成四个周期后，可以安排更长的休息时间。

如果学习变得像一场激动人心的游戏，学习会不会变得更有趣？

番茄学习法，由意大利人弗朗西斯科·西里洛于 1992 年创立。这个方法的提出源自他对如何提高学习和工作效率的探索。西里洛意识到，短暂地集中精力后休息一会儿，再学习或工作时能显著提高专注力和效率。他还发现，有效地管理时间，将长时段的学习任务分解成小块，更容易消化和理解。

专注与休息交替

番茄学习法的核心在于将工作时间和休息时间划分为固定的短时段，从而实现高效的时间管理和减轻心理压力。具体来说，这个方法是建议学习者将工作时间分为 25 分钟的专注时间（称为一个"番茄钟"）与紧跟其后的 5 分钟短暂休息。通过这种方法，个人可以在保持持续专注的同时，

给大脑提供必要的休息和恢复时间，从而在长时间的工作或学习中保持效率和动力。

这背后的原因与人类的注意力周期密切相关。相关研究表明，人的专注力在短时间内能够保持得相对较好，25 分钟恰好处于这个时间范围。

✏ 番茄学习法如何把学习变成一场激动人心的探险？

每个 25 分钟的学习单元完成后，5 分钟的休息时间让你有机会短暂地远离学习的压力，就如同探险者在攀登高峰后的短暂休息，既是对过去努力的小奖励，也是为下一次冲刺做准备。这样的循环不仅提高了学习的效率，也让整个学习过程充满了乐趣和期待，激发了学习者不断探索和成长的动力。而达到这样的目标需要科学地运用番茄学习法。

小张是一名高中生，正在为即将到来的化学考试作准备。让我们看看他是如何通过番茄学习法把学习变成一系列小冒险的。

第一个番茄钟　专注探索

小张设定 25 分钟的学习时间专注复习有机化学的反应机制。在这段时间里，他完全沉浸在化学的世界中，每个反应、每个分子都像是一个等待解决的谜团。

休息时间　攀登高峰后的短暂的休息

25 分钟后，小张开始了他的第一个 5 分钟休息。他离开书桌，去窗边看看外面的世界，进行深呼吸，让思绪飞向远方。这短暂的休息让他的大脑得以放松，同时也激发了对接下来学习内容的期待。

第二个番茄钟

再次出发

经过休息，小张返回书桌，开始下一个 25 分钟的学习旅程。这一次，他专注于练习化学方程式的平衡和相关的解题技巧。每解决一个问题，都像是在探险中发现了新大陆。

通过一天的番茄学习法，小张不仅有效地复习了化学知识，而且在每个学习和休息循环中都感到充满活力和乐趣。他发现学习不再是负担，而是一场充满挑战和乐趣的探险之旅。

掌握学习方法的关键

● **列出任务清单**：列出当天需要完成的学习任务，并预估每个任务需要的番茄钟数量。

● **任务拆分**：将大任务拆解成多个番茄钟单元，以 25 分钟为一个学习周期。

● **处理干扰**：要注意应对内部和外部干扰，提高注意力。应对内部干扰（如产生杂念），可将其记录下来后继续学习；应对外部干扰，要学会委婉地告知他人暂时无法抽身的原因并安排后续处理时间。

● **专注与休息**：要注重每个番茄钟结束后的 5 分钟休息时间，休息时尽量放松大脑，例如可进行简单伸展或静坐。

● **反思与调整**：每天结束时，回顾任务完成情况，对照预估时间和实际花费时间，找出差异原因，不断调整和改进学习计划。

温馨提示：在初次尝试番茄学习法时，可能会需要一些时间来适应。自我激励与来自他人的支持和鼓励对形成良好的学习习惯至关重要。

番茄学习法实践指南

设定明确的任务目标

在每个番茄钟开始前，设定一个具体可实现的目标。比如，计划在接下来的 25 分钟里完成一篇报告的一部分，或者复习一个数学公式。这样的明确目标有助于提高专注度和效率。

遵循时间规则

每个专注阶段保持 25 分钟，然后休息 5 分钟。在 25 分钟的专注时间内，关闭所有社交媒体和电子邮件通知，专注于任务。使用计时器或手机应用来确保时间的精确性。当计时器响起时，不管任务是否完成，都立即开始休息。

有效利用休息时间

在 5 分钟的短暂休息期间，做一些完全不同于任务内容的活动。例如，站起来伸展身体，短暂地走动或做一些轻松的体操，或者简单地闭眼冥想。这样可以帮助大脑放松，减轻疲劳。

反思和调整

定期评估这种方法的效果。如果发现 25 分钟的专注时间过短或过长，可以适当调整，比如尝试 30 分钟专注加 5 分钟休息，找到最适合自己的节奏。记录每天的进度，以便找到最有效的工作模式。

② 黄金时间学习法

利用效率最高的时间段来学习

原理：人的大脑在不同时间段的活跃程度不同，在大脑最清醒和最活跃的时间学习，可以更好地吸收和记住信息。

应用场景：因学习时间有限，需要找到最佳学习时段，优化学习效率。形成自己的高效生物钟。

实操技巧：根据个人的日常生活习惯，找到并利用每天的"黄金时间"，如清晨、上午、晚上或睡前等，进行高效率的学习活动。

你知道吗？有些特定的时间段，大脑的学习效率会非常高。这就是"黄金时间学习法"的核心原理。黄金时间学习法源于对人类注意力和记忆力周期的研究，这一方法强调在一天中特定的时间段内进行学习或工作，以达到最高效。历史上，多项心理学和生理学研究揭示了人们在特定时间段内的认知功能表现更加出色，这些时段通常与我们的生物钟和日常节律紧密相关。实践者发现，利用这些"黄金时间"进行学习，不仅可以加深理解和记忆，还能显著提高学习效率，减少因疲劳和分心引起的时间浪费。

如何定义"黄金时间"？

定义"黄金时间"并不是一件一刀切的事情，因为每个人的生物钟和日常节律都有所不同。一般来说，"黄金时间"指的是个人在一天中精力最充沛、注意力最集中的时段。对于大多数人而言，这通常出现在早上，特别是早晨醒来后的几个小时内，因为这时候大脑从充足休息中"苏醒"，思维最为清晰。然而，也有部分人在夜晚感到更加精力充沛和思维敏捷。因此，确定个人的"黄金时间"需要观察和实验，通过几天或几周的时间记录和复盘，找出自己在一天中的什么时间段最能高效学习和工作，然后有意识地在这些时段安排最需要思维集中的任务。

黄金时间学习法：让学习效率飞速提升！

黄金时间学习法的应用可以灵活依据个人的生物钟和学习习惯进行调整。例如，有些学生发现自己在清晨的头几个小时内对于抽象概念的理解和记忆能力特别强，因此他们会选择这个时间段来学习数学或物理等需要强逻辑思维的科目。而另一些学生发现自己在傍晚到晚上的时间段内思维最为活跃，这时候阅读文学作品或撰写论文不仅效率高，而且能产生更多创新的想法。

小明的学习时间表

6:30 ~ 7:30

清晨

小明刚起床，头脑清醒。他用这段时间背诵英语单词和数学公式，记忆效果非常好。

9:00 ~ 11:00

上午

上学后，小明精力充沛，专注力强。这时，他主攻实验分析和数学题目解析，发现解决问题更加得心应手。

下午 4:00 ~ 6:00

放学回家后，小明常进行创造性活动，如绘画和科学项目。大脑在这个时候最适合进行创新和应用性学习。

晚上 8:00 ~ 9:30

晚饭后，小明整理一天所学，回顾笔记，做轻松的阅读，帮助大脑巩固知识。

通过这样的学习时间安排，小明在每个时间段都发挥了最大的学习效能，让学习变得更加高效和愉快。

掌握学习方法的关键

● **识别黄金时间段：**了解并记录一天中何时最清醒、最能集中注意力。通常是早晨起床后、上午和晚餐后的时间段。

● **匹配学习内容：**根据不同时间段的大脑活力，安排适合的学习活动。例如，早晨适合记忆密集型学习，晚上适合复习和整理。

● **创建学习计划：**制定一个灵活的学习计划，涵盖一天中的各个黄金时间段，确保每个时间段都有特定的学习目标。

● **实时调整与优化：**根据学习反应和效果，不断调整学习计划，以使学习既高效又愉快。

通过这些步骤，可以充分利用每一天的学习时间，让学习效率像坐上了火箭一样飞速提升。

温馨提示：切记要关注自己的健康和情绪状态。确保有足够的休息时间和娱乐时间，避免过度学习带来的压力和疲劳。

黄金时间学习法实践指南

找到并利用好个人的黄金时间段

一天中，每个人总会有相对较为清醒、专注的时间段。通过一段时间的纪录、观察，找到这个时间段，并将其用于学习最具挑战性的或重要的内容。如果你发现自己在早上醒来后的几个小时内精神最为集中，那就把这段时间安排为学习新概念或复杂题目的时间。

避免在黄金时间段做低效率的活动

在黄金时间段避免做一些消耗精力却效果不大的活动，如查看电子邮件或处理日常琐事。如果你的黄金时间段是早上9点到11点，那么在这段时间里不要安排任何会议或者处理非紧急的邮件，而是专注于学习或工作中最需要深度思考的部分。

在非黄金时间段处理较轻松的任务

将较为轻松的任务安排在非黄金时间段进行。如果你下午感到疲倦，那么可以在这个时候安排浏览旧知识或者阅读图书等活动，而不是尝试解决复杂问题。

根据个人节奏调整学习计划

密切注意自己的身体和精神状态，根据自身的变化灵活调整学习时间。如果某天你在通常的黄金时间段感到疲惫，可以选择进行一些轻松活动，或者短暂休息，把重要的学习任务推迟到精神状态恢复后再进行。

③ GTD 时间管理法

通过有效的时间管理和任务计划将任务外化，提高专注度

原理：将任务列出明细，通过系统化的组织和处理减少心智负担，提高专注力和学习效率。

应用场景：适用于需要处理大量任务的情况；特别适合于忙碌且多任务的场景。

实操技巧：将所有学习任务记录下来，分类并决定行动步骤，定期审查和调整学习计划。

如果你能高效地管理你的学习任务，掌控你的学习，提高效率，学习将变得多么轻松！GTD 时间管理法可以教你如何有效地整理学习任务，从而更专注、更有效地学习。GTD 时间管理法源自大卫·艾伦的时间管理方法。艾伦在其著作《尽管去做》中提出了这一方法，其核心在于外化记忆，通过系统化管理提高效率和生产力。

系统化管理

GTD 时间管理法的核心在于捕获所有需要处理的任务，然后将它们分类整理到具体的行动列表中，以便在合适的时间执行。GTD（Getting Things Done）三个字母分别代表"完成任务"的方法论。"Getting"代表"获取"，"Things"指所有需要处理的任务，而"Done"强调的是"完成"。通过将任务外化，学习者能够清晰地"看到"它们，并有效地规划时间和分配精力，减少因任务遗忘或混乱带来的焦虑。

GTD 时间管理法如何让你的学习任务井然有序?

实践 GTD 时间管理法需要将所有学习任务和想法记录下来,进行分类,然后决定每项任务的具体行动步骤。运用的关键在于定期审查这些任务,确保每项任务都按计划进行。这种方法要求学习者在收集任务时做到全面,制定实际可行的计划,并在执行过程中灵活调整。

小张需要准备五门课程的期末考试: 数学、物理、化学、历史和英语。他决定运用 GTD 时间管理法来提高复习效率。

【GTD 时间管理法在期末复习中的应用】

收集资料 → 将资料分类 → 制定复习计划 ↕ 执行计划 ← 调整计划 ← 继续执行计划

1. 获取:【收集资料】
收集所有需要复习的资料,包括课本、笔记、练习题和模拟试题。

2. 处理:【将资料分类】
为每一项资料设定标签,不同科目、不同内容、不同形式等。

3. 组织:【制定复习计划】+【执行计划】
将复习任务按优先级排序,并制定复习计划。开始第一轮执行。

4. 复审:【调整计划】
定期检查复习进度,调整学习计划以适应实际情况。

5. 执行:【继续执行计划】
根据计划执行复习任务,包括阅读、做练习题和进行模拟考试。

　　小张通过持续更新的学习资料，并针对每个科目制定详细的复习计划，确保每天的复习任务既具体又可实施。他定期检查复习进度，根据需要重新安排复习优先级，确保能够针对性地解决复习中遇到的问题。这一过程提升了复习效率，增强了对复习进度的掌控，使得复习工作有条不紊地推进。

掌握学习方法的关键

● **收集所有任务**：记录下所有的任务，将这些任务从大脑转移到记录工具上。

● **处理和组织任务**：对任务进行组织。根据任务的优先级和截止日期进行排序。

● **制定具体行动计划**：对每个任务制定明确的执行计划，确定开始和完成的时间。

● **定期审查进度**：每周至少进行一次审查，适当调整计划。

温馨提示：你的任务可能会随时间变化，因此需要定期审查和调整你的计划。保持记录的更新和清晰，可以帮助你更有效地管理任务。

GTD 时间管理法实践指南

精确的任务捕捉和分类

　　成功实施 GTD 时间管理法的关键在于全面捕捉任务。例如，小明面对即将到来的期末考试和多个课程项目，他细致地记录了每一项学习活动，包括课堂笔记整理、论文研究和小组讨论会。之后，他根据任务的性质（如阅读、写作、实验等）和紧急程度进行分类，确保每个任务都被适当地安排和管理。

制定实际可行的行动计划

　　GTD 时间管理法不仅要求记录任务，还需要制定明确的行动计划。小红在准备生物化学的考试时，不仅列出了需要复习的章节，还规划了每天的复习内容和具体时间。她设定了明确的目标，比如"周三前完成第五章的复习"，并为每个小目标制定了具体的复习步骤。

定期审查与更新任务

　　定期的审查和更新是保持 GTD 系统有效运行的关键。小刚每周日都会花时间审视他的学习清单，评估每项任务的进展情况，并根据最新的学习需求和优先级进行调整。定期审查使他能够灵活应对学习中的变化，如突然增加的作业或变更的考试日期等。

有效应对和调整优先级

　　在面对紧急和重要任务时，能够快速调整优先级是 GTD 时间管理法的核心。小李在准备 GRE 考试的同时，还需要完成她的毕业论文。她根据各项任务的截止日期和重要性，优先处理了 GRE 考试的复习。对于论文，她分解了写作过程，将其安排在考试复习的间隙，以确保两者都能有效进行。

4 心流学习法

通过深度专注，提升学习效果和体验

原理：在特定条件下，进入深度专注的心流状态，从而有效提升效率和创造力。

应用场景：适用学习者希望进入一种高度专注、高效能的学习状态的需求。在学习过程中可以获得内心满足和成就感。

实操技巧：创造一个无干扰的环境，设定清晰的目标以促进深度专注的体验。

心流学习法不只是提高效率那么简单，它还能让你感到快乐和满足。这个方法是由心理学家米哈里·契克森米哈伊发现的。他观察到艺术家们在画画时，完全沉浸在自己的世界里，忘记了时间。契克森米哈伊博士对这种专注的状态感到好奇，他开始研究这种状态，并将其命名为"心流"。

他发现，不仅是艺术家，每个人在做自己热爱且挑战适中的事情时，都能进入这种神奇的心流状态。在这个状态下，我们可以做得更好，同时感觉也更棒。

沉浸即创造

心流学习法能够帮助我们实现"最佳体验"。我们完全投入并集中注意力于当前任务，找到个人能力极限与突破的平衡点。在这个点上，可以享受过程，从中获得快乐。

要达到这个心流状态，首先需要对自己的技能水平和挑战的难度有清晰的认识。接着，设定一个具体而明确的目标，这个目标应该既符合自己的能力范围，又略带挑战，能激发你的兴趣和动力。在这个过程中，应当全身心地投入，消除所有外界干扰，保持持续的专注状态。

心流学习法如何让学习时光既快乐又满足？

心流学习法的秘密就在于找到平衡点——那个既不太难也不太简单，刚刚好能激起兴趣的点。在这个点上，我们既感到有挑战性，又感到能够应对，这让学习变得既刺激又愉快。想象一下，我们解决问题得到了正确答案时的那种兴奋和成就感，就是心流学习法带来的魔力！

小涵家里的环境太过嘈杂，在她想画画时，总是难以集中注意力。

创造安静的绘画空间

小涵的父母在家里为她设置了一个专用的绘画角落。这个角落远离家中的"干扰源"，如电视声音和家庭成员的活动噪声。

他们还确保这个空间有充足的自然光线和必要的绘画用品，让小涵能够轻松地进入她的创作世界。

维持稳定的绘画时间

每天固定时间，小涵的家庭会保持一段安静时光，让小涵可以不受打扰地绘画。这段时间被视为一种家庭仪式，其他家庭成员在这段时间内会尽量减少活动和噪声。

小涵的心流体验

在这样的环境中，小涵自己能够更容易地专注于绘画。她沉浸于每一个笔触和颜色中，完全忘记了周围的世界。

这种无干扰的环境帮助小涵进入心流状态。她在绘画中找到了快乐，每次绘画都成为她探索自我和提高创造力的旅程。

通过这个案例，我们可以看到创造一个无干扰的环境对于进入心流状态的重要性。这样的环境不仅提高了小涵的专注力和创造力，更重要的是，它使她的学习和创作过程变得充满乐趣和成就感。

掌握学习方法的关键

● **精确定义任务的挑战度**：选择与自己能力水平恰好匹配且略带挑战性的任务，这是心流学习法的核心，能让我们保持兴趣并获得成就感。

● **消除外部干扰**：创造无干扰的环境，对于进入心流状态至关重要。

● **设定清晰的短期目标**：制定可实现的短期目标，这有助于我们明确学习的方向和目的，是心流学习法中保持动力和专注的关键。

● **专注于过程**：专注于学习或活动的过程，而非只关注结果。享受活动本身，可以进一步促进心流状态的发生。

温馨提示： 重要的是享受学习的过程，而非过分关注结果，这有助于我们更自然地进入心流状态。

心流学习法实践指南

找到平衡点

根据心流理论，找到技能提升和挑战难度之间的平衡点至关重要。例如，如果孩子在某个科目上表现出色，可以逐步提升该科目的难度，要确保挑战能够刺激他们的兴趣，但同时不至于让他们感到不可逾越的困难。

优化反馈机制

根据米哈伊·契克森米哈伊的心流理论，及时反馈是维持心流状态的关键。在学习或创作过程中提供具体且建设性的反馈，以调整学习策略。

利用时间管理方法

通过有效的时间管理技巧，比如番茄学习法，帮助我们维持专注力，这是进入心流状态的重要条件。定时的专注和休息周期有助于保持精神饱满，避免学习疲劳。

培育深度学习状态

不只是为了完成任务而学习，而是想深入理解概念内涵。这种深度学习目标有助于我们进入心流状态，它要求更高水平的认知投入和创造性思考。

情绪调节

情绪对于进入心流状态至关重要。通过情绪管理技巧维持良好的情绪，这样我们在面对学习挑战时更容易保持专注和高效。

5 微学习

一种灵活、高效、个性化的学习方式，旨在积跬步于千里

原理：微学习侧重于小片段的知识获取，使学习者能够在短时间内有效吸收信息。

应用场景：适用于处于忙碌生活状态时。

实操技巧：将大的学习目标分解为多个小部分，利用碎片时间，每次专注于一个小部分进行学习。

如果你能在忙碌的日常中，通过每天的碎片时间，就能学到新的知识或技能，该有多好？这正是微学习的魅力所在。

微学习起源于 21 世纪初，它的出现与数字技术的发展密切相关。智能手机的普及使得信息获取变得极其便捷，人们开始习惯于快速浏览和吸收信息。同时，认知科学的研究表明，人们在短时间内处理有限信息的效率更高，这为微学习提供了理论支持。

"信息块" 理论

这种理论认为人脑更善于在短时间内接收和处理有限的信息。将复杂的学习内容分解成小块，每个小块专注于一个具体概念或技能，学习者可以在短时间内有效地吸收和掌握关键信息。使用过程中，学习者可以根据自己的时间和学习需求，选择感兴趣的学习模块进行学习，这种学习既可以在通勤路上，也可以在工作间隙，或是休息时间进行。微学习是一种适

应现代生活节奏的高效学习方法。

通过微学习，学习者可以在碎片时间高效地吸收新知识。微学习的学习单元通常是几分钟到十几分钟，这有助于注意力的集中，在短时间快速获取关键信息。

微学习如何让碎片时间变成宝贵资产？

这种方法的精髓在于将学习活动无缝融入日常生活的空隙时间，从而实现持续的技能提升而不会感到负担。

在李明的案例中，他通过微学习有效地利用碎片时间来强化自己的数据分析技能和 Python 编程能力。

首先，李明找到了关于数据分析和 Python 编程的短视频教程。视频内容，如数据清洗、数据可视化和机器学习基础等均为他所需的知识，所以即使是短暂的学习也能保证效率和针对性。

接着，利用等待会议开始或通勤等碎片时间做编程练习，通过手机上的编程练习应用，他能够随时随地针对性地加强编程技巧。这种灵活性和便捷性极大地增加了微学习的可行性。

李明的学习不仅限于被动接收知识，他还通过将新学的技能应用到实际工作中，进一步巩固和扩展了学习成果。"学以致用"让李明加深了对数据分析和 Python 编程的理解，也让他即时看到学习成果的实际效益，获得了满足感，提升了学习的动力。

李明的例子展示了如何通过精心规划和利用每天碎片化的时间段进行高效学习。这个方法不仅适用于数据分析和 Python 编程，也可扩展到其他技能的学习。此方法的实施关键在于选择合适的学习资料，确保既能利用碎片时间学习，又能紧密围绕个人的学习目标，实现高效学习。

掌握学习方法的关键

● **明确学习目标：** 首先确定通过微学习想要达到的具体学习目标。这些目标应该是明确且可量化的，这样学习者就可以更有针对性地选择和规划学习内容。

● **选择合适的学习资源：** 根据学习目标，选择合适的学习资源。这些资源可以是在线短视频课程、精简的文章或其他可以在短时间内学习消化的材料。

● **规划学习时间：** 利用碎片时间进行学习，比如通勤或午餐前后。将这些时间变成学习时间，养成每天学习的习惯。

● **持续跟踪和评估：** 定期评估学习进度和效果，根据需要调整学习计划。可以设定每周或每月的复习时间，以巩固所学知识。

温馨提示： 即使每天的学习时间很短，碎片化的学习也可以带来累积，长期坚持会有意想不到的收获。

微学习实践指南

确认正确的学习目标

选择与个人成长紧密相关的学习目标是关键。考虑你的职业需求或个人兴趣，找到那些个人成长相关的方向。例如，如果你是一名营销人员，你需要学习最新的数字营销策略。于是找到相关在线课程，每天花几分钟学习一小部分相关的营销知识。

保持专注

在微学习过程中，避免分心是一个挑战。为了保持专注，你可以在安静的环境中学习，或使用防噪声耳机。此外，将手机调至勿扰模式也是一个有效的策略。

有效整合学习资源

当你面对大量分散的学习资源时，整合这些信息是非常重要的。你可以通过建立思维导图或制作简洁的笔记来整理。例如，如果你在学习编程，你可以创建一个总结了不同编程概念和语法的思维导图。这不仅有助于巩固记忆，还能使你快速回顾这些知识。

将所学应用于实际

为了加深对所学知识的理解和记忆，将学习内容应用于实际情境是必不可少的。如果可能，试着将新学到的技能或知识应用在工作或日常生活中。

第二章

让阅读或记笔记事半功倍

本章将带你探索高效阅读和笔记的秘诀。面对海量的信息和知识，如何有效地筛选、整理和回顾成为关键。本章分享的科学的方法，可以让阅读和笔记工作更加事半功倍，助你轻松应对学习和工作中的信息处理挑战。

6 康奈尔笔记法

结构化的笔记布局提升信息整理和回顾效率

原理：利用笔记本页面分区：提示栏、记录栏和总结栏，以促进信息的有效记录、组织和复习。

应用场景：适用于任何听课、阅读或自学时需要做笔记的场合，提高学习效率。

实操技巧：在听课或阅读时，在记录栏详细记录关键信息；然后在提示栏添加问题和关键词，作为复习时的提示；最后在总结栏总结本次学习的主要内容。

你有没有想过，小小的笔记本也能成为一种高效学习的秘密武器？这正是康奈尔笔记法的应用效果。在 20 世纪 50 年代，康奈尔大学的教育心理学家沃尔特·波克观察到传统的笔记方法无法有效支持学生的复习和深入学习。为了解决这个问题，波克教授开发了一种创新的笔记系统，即康奈尔笔记法，它通过特别的页面布局优化信息记录和整理过程。波克教授的这一创新方法迅速在学术界传播，被广泛认为是一种高效的学习和复习工具。

高效笔记，深度学习

康奈尔笔记法的核心在于其页面的三分法结构。提示栏：用于列出关键词、问题和概念等提炼信息；记录栏：用于记录课堂讲授或阅读材料的详细信息；总结栏：用于概括核心观点或总结。这种结构使笔记更有组织性，有利于深度学习和有效复习。

康奈尔笔记法如何变成你学习的秘密武器?

康奈尔笔记法,不仅优化了记录信息的过程,更重要的是,它引导学习者在学习的各阶段主动思考和参与。

李华是一名初中生,最近在数学课上学习了有关二次方程的内容。他使用了康奈尔笔记法。

列出关键词、问题和概念

记录课堂讲授或阅读材料的详细信息

记录栏

提示栏

● 二次方程定义

● 标准形式

● 解的公式

● 判别式

● 实际应用问题

二次方程定义:形式为 $ax^2+bx+c=0$ 的方程,其中 $a \neq 0$。

标准形式:$ax^2+bx+c=0, a, b$ 和 c 未常数。

解的公式:$x=\dfrac{-b\pm\sqrt{b^2-4ac}}{2a}$
用于计算 2 次方程的根。

判别式:$\triangle=b^2-4ac$,用来判断方程的根的性质(实根、重根、虚根)。

实际应用问题:如运动物体的位移与时间的关系,商品的最大利润问题等。

概括核心观点或总结

总结栏

● 二次方程形式:$ax^2+bx+c=0$。
● 解法:使用解的公式,注意判别式△的值。
● 应用:理解二次方程在现实问题中的应用,如物理运动、经济模型等。

在这个笔记中，提示栏标注了主要概念和关键问题，记录栏详细记录了二次方程的定义、形式和相关概念的信息，而总结栏则提供了快速回顾的主要要点，便于学习者在复习时迅速抓住核心内容。这种结构化的笔记方式有助于学习者清晰地组织和回顾知识点，促进深度理解和记忆。

康奈尔学习法的优势还在于它的全面性和灵活性，能够适应不同学科和个人的学习风格，是学习者在各种学习场景中的强大工具。

掌握学习方法的关键

🟡 **熟悉笔记布局：** 开始时，先了解康奈尔笔记的三个部分：记录栏、提示栏和总结栏。

🟡 **练习清晰地记录：** 在记录栏记录详细信息，要抓住重点，保持清晰和条理，方便以后查找。

🟡 **学会提问和概括：** 在提示栏写下问题或关键词，问题应该能帮助你复习时深入思考。在总结栏，概括你所学的主要内容。

🟡 **常回顾和调整：** 定期翻看旧笔记，特别关注提出的问题和总结部分。这样可以帮助复习主要内容。根据自己的实际情况，调整笔记细节，让它更适合你。

温馨提示： 注意笔记的填写时机，提示栏更适合在思考、回顾的时候写，记录栏更适合在课程中填写，总结栏适合在最后填写。

康奈尔笔记法实践指南

充分利用记录栏

记录栏不仅仅用于记录事实，还应包含对概念的解释和个人见解。小李学习经济学原理时，不只记录定义和理论，还在旁边标注自己的理解和这些概念与现实生活的关联，这使他在复习时更容易理解和记忆。

有效使用提示栏

提示栏的问题应具挑战性，以促进深入思考。小王在学习生物课时，在提示栏中不仅提出了"什么是光合作用？"，还扩展到"为何光合作用在生态系统中至关重要？"这样的问题。这种方式能激发她的好奇心和进一步探索的动力。

精心撰写总结栏

总结栏应简洁且全面，概括主要学习内容。

在学习完历史课本的一章内容后，小张写下了该章内容涉及的主要事件、人物和重要性的总结，这使得她在考试复习时更加高效。

整合知识，形成联系

在复习时，努力将笔记中的信息与已知知识建立联系是很有益的。比如小林在学习化学时，尝试将化学反应与物理课上学到的能量守恒定律相联系。这种跨学科的联系帮助他更全面地理解了化学反应的本质，并在实际问题中应用这些知识。

⑦ RORE 阅读法

通过阅读、提纲、复习、评价的步骤，深化对文本的理解

原理：通过结构化的过程，帮助学习者深入理解文本信息。

应用场景：更注重对文本内容的深度理解和长期记忆，适用于各种需要深度理解和记忆的文本。

实操技巧：先浏览文本获取大致框架，然后详细阅读并制作提纲，通过不断的复习和评价，深入理解、分析文本含义。

如何让阅读过程更加有序、高效？ RORE 阅读法或许可以给出答案。RORE——R（Read，阅读）、O（Outline，提纲）、R（Review，复习）、E（Evaluate，评价），其效果在于不仅提高了阅读理解能力，还通过复习和评价步骤，加强了对所学内容的记忆。

系统性探索

RORE 阅读法的核心在于通过一个分阶段的过程，优化阅读效果和理解深度，从而提升学习效果。首先快速阅读文本的关键部分（如首尾段落）把握文章的大意，接着边读边记，选取关键词或短语记录在笔记本上，构建对文章结构的初步理解。然后，基于这些记录，创建论题式提纲，捕捉文本的主要观点和论据，这一步骤旨在通过组织信息来加深理解。随后，通过对照原文和必要的重复阅读，检查并完善提纲（复习），确保没有遗漏关键信息。最后，对文本内容进行评价，这一步骤可以帮助记忆内容，同时也促进了对文本深层次的理解。

RORE 阅读法如何让阅读变得更高效?

RORE 阅读法引导学习者通过一系列结构化的步骤,更高效地阅读和学习。开始,快速阅读文章的关键部分,对主题初步理解。接着,通过挑选关键词或短语并记录,强化对文章结构和重要信息的把握。创建论题式提纲可以进一步深化理解。检查和完善提纲确保了对文章的全面掌握。评价阶段的自我反思,加强了对文章深层次的理解和巩固。

小玲需要为即将到来的考试复习一篇关于生态系统的复杂文章。她决定使用 RORE 阅读法来提高学习效率。

阅读

小玲首先快速浏览文章的引言和结论,初步把握文章的主旨。接着,她回到文章开头,边阅读边挑选出反映文章核心观点的关键词语或短语,并将它们记录在笔记本上。

提纲

基于这些关键词,小玲开始构建一个论题式提纲,明确列出文章的主要论点和论据。她的提纲能够表现文章的结构,以及不同论点之间的逻辑关系。

复习

使用提纲作为参考,小玲回到文章中,对照她的笔记和提纲检查是否遗漏或误解了文章的关键信息。她重读那些复杂或信息量大的段落,确保提纲没有错漏。

评价

最后，小玲评估她的提纲和笔记，并通过与课堂笔记和其他学习资料的对比，进一步巩固了对生态系统概念的理解。

RORE 学习法的关键在于有效地记录和组织信息。小玲在阅读过程中直接标记出关键词，不仅加速了信息处理，还提升了对文章深层次结构的理解。此外，通过不断修订提纲，她能够对材料有一个全面和准确的把握。

掌握学习方法的关键

🟡 **精读文本，关注理解内容的每一个细节**：这一步骤要求学习者全面阅读文本，尝试理解所有的概念和信息。

🟡 **在阅读过程中或之后，提取关键点和概念来创建一个结构化的提纲**：这有助于组织思路，明确学习的重点。

🟡 **通过复习提纲和笔记，加深对文本的理解和记忆**：这个过程可能涉及到对文本的再次阅读或是和同学的讨论，以确认对文本的理解是准确和全面的。

🟡 **自我评估理解和记忆的情况**：找出理解上的漏洞或是需要额外复习的地方。这一步骤鼓励学习者对自己的学习过程进行反思，评估学习效果，并在必要时调整学习策略。

温馨提示：给自己足够的时间去吸收和理解内容，不要因为无法一开始就掌握一切而感到沮丧。

RORE 阅读法实践指南

准确判断材料难度

在使用 RORE 阅读法时，正确判断阅读材料的难易程度至关重要。如果一篇文章过于复杂，初次阅读时应先浏览摘要或总结，以把握主旨。这样，当深入阅读具体段落时，能更好地理解文章的细节和结构。

提纲整理挑战

有时，学习者可能感到从文本中提取关键信息并整理成提纲有些困难。此时，可以尝试将阅读内容与已知知识相联系。通过这种方式，可以更容易确认文本的要点，并组织出清晰的提纲。

注意检查遗漏

为避免遗漏重要信息，建议在完成提纲后，再次阅读原文，确保所有关键点都已被列出。这个过程可以视为质量检查，确保提纲完整无遗漏。采取交叉检查的方式，比如与同学分享并讨论提纲，也是一种有效的检查手段。

重视评价和反思

完成阅读和提纲整理后，进行自我评价和反思是进一步提升的关键。可以回顾自己的学习过程，评估哪些方法有效、哪些需要改进。例如，某次阅读后提纲的质量不高，学习者经过评价和反思后发现可能需要调整阅读策略，如增加注释、标记重要信息等，以改进学习效果。

8 SQ3R 学习法

通过浏览、提问、阅读、复述和复习五步法，系统深入掌握知识

原理：通过五个步骤——Survey（浏览）、Question（提问）、Read（阅读）、Recite（复述）、Review（复习）——来加深对知识的理解和记忆。

应用场景：一种系统性的阅读方法，更适用于深入理解和掌握学术性、专业性的内容。

实操技巧：首先浏览全文，获取大致框架；然后提出可能的问题；接着深入阅读，寻找问题的答案；之后尝试不看原文，用自己的话复述所学内容；最后定期复习，巩固记忆。

当学习遇上 SQ3R 学习法，每一次翻阅书页就好像是在一座知识迷宫中探险，阅读每个段落、每个章节都变成解谜的过程。

这个方法的创立者，弗朗西期·罗宾逊，是一位洞察教育心理学的学者。他在 20 世纪 40 年代发现，很多学生在阅读时，虽然眼睛在书页上移动，但大脑并没有真正参与进来。于是，他提出了 SQ3R——一种旨在让学习者主动阅读，并在阅读中进行有意义探索的学习方法。

系统阅读，深化理解

SQ3R 学习法的核心在于通过一套系统化的阅读流程，深化对阅读材料的理解和记忆。这种方法将阅读过程划分为五个阶段——浏览（Survey）、提问（Question）、阅读（Read）、复述（Recite）和复习（Review），首先，通过浏览整体内容来把握主要思想和结构，为深入阅读做准备；接着，

通过提出问题激发好奇心，引发思考，这有助于在接下来的阅读中有意识地寻找答案；然后，在阅读过程中，集中注意力解答这些问题，并深入理解材料；再通过复述，使用自己的话语重述所学内容，来加强理解和记忆；最后，通过定期复习来巩固知识，以实现长期记忆。

如何找到知识宝藏

SQ3R学习法通过这种有组织的方式，使学习不仅仅是被动地获取信息，而是成为一个积极的、思考深入的探究过程。

小明面临一个挑战：理解并记忆生物学中的遗传学内容，为了克服这一挑战，他决定采用 SQ3R 学习法。

Survey
浏览

小明首先浏览了整个遗传学章节标题和重点，如"孟德尔的遗传规律"和"DNA 的结构和功能"等，把握了章节的整体框架，知道了自己即将深入学习的主要内容。

Question
提问

对于每一个小节，小明提出了具体的问题，比如"孟德尔的实验验证了哪些遗传学理论？""DNA 复制过程中发生了什么？"。这些问题为他的学习设定了明确的目标。

Read
阅读

在阅读每个小节时，小明专注于找到问题的答案。他仔细阅读了孟德尔的豌豆实验描述，理解了显性基因和隐性基因的概念，学习了 DNA 的复制机制。整个过程他都在主动寻找问题的答案。

Recite

复述

阅读后，小明尝试不看书本，用自己的话来复述他所学的知识点。他解释了孟德尔遗传定律的内容，并描述了 DNA 复制的步骤。

Review

复习

学习了几天后，小明回顾他的笔记和问题列表，确保记住了关键信息，可以应对即将到来的考试。

通过这种方法，小明不仅成功地掌握了遗传学概念，还提高了他的学习效率和记忆力。SQ3R 学习法的系统性让他的学习过程变得更加有目的和高效。

掌握学习方法的关键

● **准备阶段**：选择一个安静的环境，准备好必要的学习材料。

● **遵循 SQ3R 步骤**：依次执行 SQ3R 的五个步骤：浏览、提问、阅读、复述和复习。

● **积极参与与反思**：在每个步骤中积极参与，自我检查执行的效果。

温馨提示：一开始可能会觉得有些费时，但随着实践的增多，你会发现自己的理解和记忆能力显著提升。坚持和细心是实践这个方法的关键。

SQ3R 学习法实践指南

细致地浏览

确保在浏览时捕捉关键信息。例如，小明在学习物理课本的电磁学章节时，初始仅扫视了标题。然而，在开始详细阅读前，他回头再次浏览，这次注意到了每一节的关键词和图表说明，帮助他在提问阶段更有针对性地提出问题。

深思熟虑地提问

提出的问题应能促进深入理解。如小莉在阅读关于第二次世界大战的文章时，不仅会问"何时发生了哪些事件"，还会思考"特定事件是如何影响战争进程的"。这类问题引导她在阅读时寻找更深入的解释。

专注地阅读

阅读时需集中精神，尝试理解深层含义。例如，小赵在学习生物学关于细胞分裂的内容时，最初阅读速度很快导致对某些概念理解模糊。后来他重新阅读这部分内容，特别是对于难以理解的部分，他放慢了阅读速度，以确保完全理解每个步骤和术语的含义。

深入地复述与复习

复述时要准确全面；复习时要重点关注之前理解不足的内容。小梅在学习外国文学时，尝试向朋友复述某部小说的内容与内涵。在这个过程中，她发现自己对某些情节的理解不够深刻。因此，她再次阅读了那些内容，并在随后的讨论中分享自己的新理解，这有助于她更全面地掌握。

第三章

不再为多线或繁重任务而烦恼

　　本章节揭示了高效应对多线和繁重任务的秘诀。在这个快节奏的时代，我们经常面临来自各种任务的压力和挑战。通过本章分享的方法，我们希望能帮助你学会如何合理安排任务，提高工作效率，从而轻松应对各种挑战，实现事业与生活的双赢。

9 定量法

通过设定具体目标和计划，专注学习内容，提高学习效率

原理： 通过明确的目标和计划，可以让学习者有效地利用时间，减少无目的的学习。

应用场景： 学习任务重，实施难度大时很适用。

实操技巧： 设定明确、可量化的学习目标，通过日常的时间管理和定期复习，确保持续、高效地完成目标。

有一种学习方法，运用了之后，你就像拥有了一个私人学习教练，能够帮你设定清晰的学习目标，并监督你高效地达成它们。这就是定量法，一种简单却极为强大的学习策略。通过设定简单的每日学习目标，比如阅读一本绘本，或是学习几个新单词，可以让你在压力不大的情景中学习，同时逐渐建立起自主学习的习惯。定量法帮助你管理和利用时间，激发你对新知识的好奇心。更重要的是，它帮助人们学会如何学习，为学术生涯和个人成长奠定坚实的基础。

设定与追踪

定量法在学习上的应用是一种将模糊的学习目标具体化、量化的过程，旨在通过设定明确的数字目标和持续追踪这些目标的实现情况来提升学习效率。例如，设定每日阅读 40 页图书内容或者在一周内解决 3 道复杂的数学问题，这些具体的量化目标能够为学习者提供清晰的方向和动力。学习者应用这个方法时，可以建立一个系统的追踪和评估机制，比如使用学习日志记录每天的学习内容和时间，或者设立定期的自我评估环节来检查学习目标的完成情况。这样的做法不仅帮助学习者维持学习的连续性和系统性，而且也促使他们在面对学习挑战时及时地调整学习策略和方法，确保学习目标的实现。

定量法如何让种子长成果实?

通过定量法，学习者可以高效实现目标导向的学习。这种方法通过设定具体的学习量，如每天阅读的页数，解决的题目数量，或者学习的时间长度等，使学习过程变得更加明确和可衡量，从而明确努力方向，增加学习动力。

小明是一名 7 岁的小学生，他的妈妈希望通过定量法来提升他的阅读能力。

设定具体目标

阅读：每天阅读至少 10 页儿童故事书的内容。

制定详细计划

阅读时间：每晚睡前阅读，大约需要 20 分钟。

准备材料

图书：选择小明感兴趣的故事书，确保内容适合他的阅读水平。

日常执行

跟踪进度： 用进度表记录每天完成的页数。

互动学习： 妈妈每晚与小明一起阅读，讨论故事内容。

**定期检查
与反馈**

每周回顾： 周末时，回顾一周的阅读内容，讨论小明最喜欢的故事。

奖励机制： 完成一周目标后，小明可以获得一些小奖励。

调整与优化

反馈调整： 根据小明的年龄和阅读能力的提升可适当调整阅读内容。

　　通过这种方法，小明不仅在阅读水平上取得了显著的进步，还提升了自主学习意识和时间管理能力。更重要的是，他在阅读的过程中找到了乐趣，培养了阅读兴趣。

掌握学习方法的关键

- **精确设定学习目标：** 确定每天或每周的具体学习目标。

- **制定详细的学习计划：** 基于设定的目标，制定一个详细的学习计划。

- **跟踪和记录学习进度：** 使用进度跟踪表来记录每天完成的学习任务。

- **定期检查和反馈：** 每周回顾学习进度，自我检查是否达到了既定目标。

- **根据需要调整学习目标：** 根据学习情况，适时调整学习目标和计划。

温馨提示： 每个人的学习速度和风格都是独一无二的，所以在实施定量法时，务必要考虑到个性和喜好。

定量法实践指南

目标设定的微调

　　如果感觉目标太简单或太困难，那么应该根据个人的能力和兴趣调整目标。例如，如果小明开始时阅读 10 页觉得太多，可以先从 5 页开始，慢慢增加到 10 页，逐步提升。

保持学习的趣味性

　　在定量法实践中，可以通过设定游戏化目标来保持学习的趣味性。例如，在学习 20 个单词后奖励 5 分钟游戏时间。这样既保证了学习量，又没有忽视休息和放松，增添了趣味。

有效的时间管理

　　建立固定的学习习惯和时间管理能力，例如设定每天特定的学习时间，并使用计时器来监督。小华有固定的家庭作业时间——每天吃完晚饭休息 30 分钟后开始，这种方式能帮助他养成良好的作业习惯。

动态的进度追踪

　　使用简单直观的方法来追踪学习进度，如制作进度墙或进度表。例如，小丽家里有一面进度墙，每完成一项学习任务，她就贴上一颗星星或一张贴纸，这样既增加了乐趣，也让她看到了自己的进步。

家长作为支持者的角色

　　在孩子使用这种学习法时，家长应该扮演支持者的角色，定期检查孩子的学习进度，提供必要的指导，同时给予孩子自主学习的空间。

10 四象限法

将任务按重要性及优先级分类，更高效地安排任务的执行

原理： 将学习内容按重要性和紧急性分类，以优化学习计划和资源分配。

应用场景： 适用于时间管理和工作规划；有效管理时间和资源，优化工作与生活效率。

实操技巧： 将学习任务划分在四个象限：重要紧急、重要不紧急、不重要紧急、不重要不紧急，优先处理重要紧急的任务，合理安排其他任务。

想要彻底改变你的学习方式，让每一分钟都充满价值吗？四象限法，一种革命性的时间管理和学习方法，可能就是你要寻找的答案。这种方法由著名的时间管理专家史蒂芬·柯维在其畅销书《高效能人士的七个习惯》中首次提出。它基于一个简单但强大的理念：通过区分任务的紧急性和重要性，来优化你的时间和精力。

史蒂芬·柯维是一位杰出的领导力和个人效能专家，其深刻的洞察力和实用的策略影响了全球数百万人。他的四象限理论深受个人效能和企业管理领域的推崇。

优先级与效能

四象限法的核心在于"优先级与效能"。学习者可以将任务分配到四个不同的象限中，根据其紧急性和重要性进行优先级排序。这种分类使得学习者能够清晰地识别哪些内容是真正值得投入时间和精力的，从而避免在不那么重要的任务上浪费宝贵的时间。

通过运用四象限法，学习者可以以一种更轻松、更有条理的方式实现高效学习。通过优先处理那些紧急且重要的任务，你不仅能够高效地管理学习时间，还能确保自己的努力专注在个人成长主线上。

四象限法如何让每一分钟都有价值?

当你开始实践四象限法时，关键在于学会合理分类和排序你的任务，包括学习任务或生活事务。把它们一目了然地分为四类。

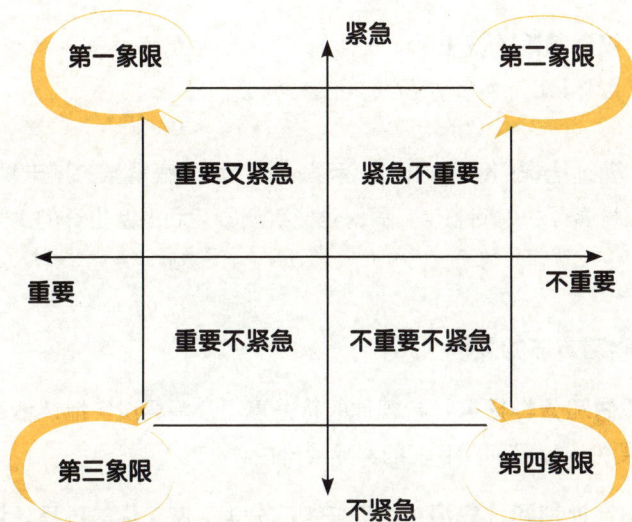

小玲是一位学业忙碌且课余生活丰富多彩的大学生。期末考试临近，需要复习；同时，她还兼职家教来赚取生活费；此外，她的高中闺蜜小红突然来访，希望能和她一起玩。

四象限分配：

第一象限（优先处理）：期末考试复习是小玲当前最紧迫和重要的任务，应该制定详细的学习计划，确保每天有足够的时间用于复习。

第二象限（有效利用）：与高中闺蜜小红共度时光。小红的到来对小玲来说是具有紧急时效性的，但与期末考试的重要性没法比，可以稍微安排在非学习时段。小玲可以选择在晚餐后或学习间隙与小红相见，既不影响学习效率，又能保持友谊。

第三象限（适当调整）：虽然家教工作对于维持生活费用是必要的，但考虑到期末考试的重要性，小玲可以与家教雇主沟通，说明自己的情况，一起商量在考试周减少工作时间或调整时间表。

第四象限（减少）：其他非必要的社交活动、长时间的娱乐等。可以在期末复习期间被最小化或暂时搁置。

通过这样的四象限时间管理，小玲可以在紧张的期末复习期间保持高效的时间利用，同时也能平衡学习和课余生活的需求。

掌握学习方法的关键

🟡 **评估和分类任务**：检视你的待办事项，需要诚实地评估每项任务的真正重要性，以及完成它们的实际紧迫性。

🟡 **制定计划和优先级**：根据任务的分类，制定你的日程计划。给予第一象限的任务最高优先级，随后是第二象限的任务。适当减少花费在第三象限和第四象限任务的时间。

温馨提示：生活中的情况总是在变化，时常需要我们根据新情况调整任务优先级和计划。四象限法不只是一种时间管理工具，它也是帮助我们平衡生活的一种方法。

四象限法实践指南

应对"紧急但不重要"的干扰

我们常常被紧急但不重要的任务分散注意力。例如，小华在准备重要考试时经常被突然的朋友聚会邀请打扰。解决这个问题的关键是学会说"不"，并将这些活动安排到考试后。

避免忽视第二象限的任务

重要但不紧急的任务往往被忽视。例如，小红计划在暑假学习编程，但总是推迟。她可以通过设定具体的学习时间表和目标来确保持续关注这个任务，例如每周至少完成一个编程练习。

处理第三象限的紧急任务

第三象限的任务虽紧急，但对长期目标贡献不大。小李经常收到一些紧急任务邮件。他可以设定特定的时间来处理这些邮件，而不是立即回复，以保证更重要的学习任务的高效完成。

减少第四象限的活动

减少不紧急也不重要的活动对提高学习效率至关重要。小王发现自己花费了过多时间在社交媒体上。她可以通过限制每天在这些平台上的时间来更好地管理这一部分，比如设定每天最多花30分钟浏览社交媒体。

11 目标学习法

通过设定明确的学习目标，提高学习效率和成效

原理： 基于目标设定理论，明确的学习目标能够激发内在动力，提高专注度和成就感。

应用场景： 提升学习的目标感、成就感，适用于学术学习、职业技能提升和个人兴趣发展等方面。

实操技巧： 通过 SMART（具体的、可测量、可达成、有相关性、有时限）制定目标，分解学习任务，持续跟踪进度，并适时调整。

如何在短时间内掌握一门语言？如何提升职场技能？解决这些问题的关键在于一种行之有效的学习方法——目标学习法。这种方法的核心在于设定具体而明确的学习目标，使学习过程更为有序和高效。

目标学习法并非源于单一的研究，而是结合了多个领域的理论，特别是心理学家埃德温·洛克的目标设定理论。洛克在研究中发现具体且有挑战性的目标能够显著提高个人的动力和绩效。这一理论不仅在商业管理领域得到广泛应用，也为个人学习提供了有效的参考。通过目标学习法，我们能够实现更有针对性和效率的学习。它使我们能够专注于具体目标，从而加深理解并提升知识应用能力。

目标驱动，进步可量化

目标学习法通过使学习目标具体化，帮助学习者清楚地认识到他们需要达成的具体学习成果。明确的目标不仅能增强学习动机，还能促进学习者的自我监控，使他们能够有效地组织学习资源和时间。此外，具体的目标设定还有助于学习者及时获得反馈，进而调整学习策略，以确保学习过程保持高效和目标导向。

SMART 原则为目标学习法提供了实用的框架，以确保学习目标的可实现性和有效性。SMART 是一个首字母缩写词，代表具体的（Specific）、可测量（Measurable）、可达成（Achievable）、有相关性（Relevant）和有时限（Time-bound）。通过应用 SMART 原则，学习者可以设置更清晰、更有操作性的学习目标。

转变学习策略，如何用目标学习法快速提升成绩？

首先我们要明确自己的学习目标，这些目标要具体、可衡量，与个人发展相关。然后，我们需要制定一个实现这些目标的详细计划，包括学习内容、方法和时间安排。在实施过程中，我们需要不断监控自己的进度，对照目标进行调整。这种方法的关键是要保持灵活性和自我反思能力，随时根据学习效果调整计划。

李华是一名大学生，计划在六个月内通过雅思考试，以满足出国留学的语言要求。他决定采用目标学习法，并利用 SMART 模型来规划和指导他的学习过程。

具体（Specific）

李华的具体目标是在六个月内通过雅思考试，达到总分 7.5，听说读写各部分不低于 7 分。

可衡量（Measurable）

他通过模拟测试和每月的进度检测来衡量自己的学习成果。每次模拟测试后，他都会记录分数，并分析哪些部分需要更多的努力。

可达成（Achievable）

考虑到他目前的英语水平（雅思总分 6），李华决定每天投入至少 3 小时的英语学习，包括词汇记忆、听力练习、阅读理解和写作训练。

相关性（Relevant）

李华的学习计划与他的长期目标——出国留学——紧密相关。通过提高英语能力，他不仅能达到申请留学的语言要求，还能为未来的异国学习和生活做好准备。

时限性（Time-bound）

目标设定了明确的截止日期——六个月后的雅思考试。他为自己设定了阶段性目标，如每个月提升具体技能到达某一水平，以确保学习进度符合计划。

通过遵循 SMART 模型和有计划的努力，李华在六个月后成功通过了雅思考试，总分达到了 7.5，实现了他的目标。

掌握学习方法的关键

● **明确具体的学习目标**：确定具体可量化的学习目标，例如提升某一科目的成绩或掌握特定的技能。

● **细分学习任务**：将大目标拆分为更小、更具体的任务，如每天学习特定章节，完成一定数量的习题。

● **设定时间框架**：为每个小任务设定明确的完成时间，例如一周内掌握一个数学章节，每天至少学习一个小时。

● **定期评估与调整**：每周对学习进展进行评估，根据实际情况调整学习计划和方法，确保持续进步。

温馨提示：记得定期检查自己的进展，并适时调整计划，以保持学习的动力和高效。

目标学习法实践指南

避免过度"雄心壮志"

设置现实而可达到的目标至关重要。例如，一个刚开始练习跑步的人不应立即设定以跑完马拉松全程为目标，而是先从每天跑步一千米开始。然后，他们可以逐渐增加长度，适应运动强度，以避免挫败感或有损健康。

分解大目标

将复杂的长期目标分解为小目标，有助于保持动力并追踪进展。例如，学习一门新语言，可以将目标划分为每天学习十个新单词，每周阅读一篇短文，每个月完成一次语言交流练习。这种分解方法使得目标更加具体，易于实施。

适时调整目标

如果发现目标过于困难，及时调整是明智的。例如，一个健身初学者设定每周去健身房四次，但发现自己难以坚持，他可以调整为每周三次，直到形成习惯后再逐渐增加次数。

保持动力和自我激励

可以设定奖励机制来激励自己坚持目标。例如，一位志愿者计划每月至少参与一次社区服务，作为奖励，每完成一次服务，他会安排一次心仪已久的休闲活动，如去看一场电影或欣赏音乐会。通过这种方式，不仅激励了目标的实现，也带来额外的乐趣。

59

第四章

强化记忆力

　　记忆力是我们学习和工作中的一项重要能力，本章将带领你一同探索强化记忆力的有效途径。通过运用这些科学方法，你将能够提升记忆力，更好地掌握和回忆关键信息，从而为你的学习和职业发展提供有力支持。

12 宫殿记忆法

构建心理空间强化记忆

原理： 在虚拟空间放置记忆图像，帮助记忆。

应用场景： 适用于需要记忆大量信息或者长序列信息的情况，如背诵长篇课文、记忆大量单词等；也适用于需要记住顺序的信息，如历史事件的时间线、步骤顺序等。

实操技巧： 选择熟悉场所作为宫殿，将信息转为图像放置其中，通过心理游走观察图像回忆。

如果我们能将所有的知识像物品一样，分类整理并收纳在大脑的各个角落，随时随地提取所需……

这不是幻想，而是一种高效的记忆技巧——宫殿记忆法。

这种方法的起源可以追溯到古希腊，由诗人西蒙尼德斯在一次意外事件中得到启发。他发现，通过在心理空间内设立一个虚构的"宫殿"，并在其中放置与待记信息相对应的图像或符号，可以显著提高记忆的效率和准确性。西蒙尼德斯的这一发现为他自己带来了记忆上的突破，也为后来学习者提供了一个强大的记忆工具。它适用于需要记忆大量信息的场合。

信息记忆"空间化"

宫殿记忆法的核心就在于它利用了我们对空间的敏感性和对图像的记忆优势，将抽象信息转化为具体图像，并放置在一个熟悉的空间中，这样不仅能记得更持久，还能记得更准确。

简单来说，就是先选定一个你非常熟悉的空间作为你的记忆宫殿，比如你的家或者常去的图书馆。接下来，把要记忆的信息转化成具体的、易于记忆的图像，然后在心中沿着一条特定的路线，把这些图像放置在宫殿的不同位置。当你需要回忆这些信息时，沿着路线走一遍，你会发现那些信息在那里等着你来取一样。

🖊 宫殿记忆法如何把知识精准"打包"？

宫殿记忆法通过将信息与特定的空间位置联系起来，实现了知识的精准"打包"。将抽象的知识点转化为具体的视觉图像，并在构建的宫殿内的特定位置放置这些图像。我们回忆信息时，就像在心理宫殿中漫步，观察每个位置上的图像，从而有效地提取记忆。

假设你需要准备一场演讲，主题涉及三个要点：个人成长、团队合作、创新思维。为了不使用演讲稿而流畅地完成，你决定使用宫殿记忆法来帮助记忆这些要点及细节。

选择宫殿：

首先，选择一个你熟悉的地方作为记忆宫殿，比如你的家。让我们选定客厅、厨房和书房分别代表演讲的三个主要部分。

制作图像：

个人成长：在客厅，想象一棵正在快速生长的植物，它代表个人成长。植物旁边是一本打开的书和一盏明亮的灯，象征知识和启示。

团队合作：走进厨房，想象一个团队正在烹饪大餐，代表团队合作。每个人都负责不同的菜肴，但他们需要协调合作以确保饭菜美味。

创新思维：最后，在书房，设想一个充满各式各样的发明创造模型的工作台，象征创新思维。

链接记忆：

在心中沿着一个固定的路径从客厅走向厨房，再到书房，一边走一边在每个房间里观察和感受那些与演讲要点相联系的图像。

复习和提取：

在演讲前，闭上眼睛沿着同样的路径在你的记忆宫殿中走一遍，观察每个房间的场景。这将帮助你回忆起演讲的每个要点及细节。

通过这个过程，你不仅能够记住演讲的主要内容，还能以一种流畅和自然的方式呈现，而无须依赖任何笔记或提示。宫殿记忆法不仅适用于演讲，还可以应用于学习复杂的信息的场景，使学习变得更加高效和有趣。

掌握学习方法的关键

● **选择记忆宫殿：** 选择一个熟悉且喜欢的地点作为记忆宫殿，比如家、学校或公园。

● **将信息转化为图像：** 将待记忆的信息转化为生动、易于记忆的图像。可以根据信息的特点创造具象的、有趣的图像。

● **在宫殿中放置图像：** 在记忆宫殿中的不同位置放置这些图像，并解释为什么选择这个位置。

● **实践回忆和复习：** 定期在心理空间中走访记忆宫殿，回忆每个位置的图像及其代表的信息，逐步提高记忆的准确性和回忆速度。

温馨提示： 发挥想象力，创造生动的图像，这是构建有效记忆宫殿的核心所在。

宫殿记忆法实践指南

让图像更生动

要避免创建的图像不够鲜明，影响记忆。例如，当小明试图记忆"细胞分裂"这一知识点时，仅想象一个普通的细胞图像可能不够具体。可以将细胞分裂想象成一个生动的场景，比如细胞像爆米花一样跳动和分裂，增强记忆印象。

简化记忆宫殿

过于复杂的记忆宫殿可能令人困惑。想象一个包含多个房间和走廊的大型宫殿时，可能会"迷失"。转而选择一个简单的宫殿，如家里或一个熟悉的教室，记忆过程会更好实现。

加强宫殿与信息的关联

要注重加强宫殿中特定位置与信息的关联。小丽在创建"水循环"知识宫殿时，将不同的水循环阶段放置在宫殿中与水相关的地方，如将蒸发阶段放在厨房的水壶旁，加深信息间的联系。

定期复习加强记忆

定期复习是巩固记忆的关键。比如，小杰在学习古代文明时，除了每周末的宫殿"走访"，还可以与朋友进行互动式复习，比如进行问答游戏或者制作相关的知识卡片。这种互动加深了他对每个文明特征的记忆，还提高了学习的趣味性。此外，对于难以记住或容易混淆的信息可以定期调整和更新宫殿中的图像，以保持记忆的新鲜感和效果。

13 视觉记忆法

利用视觉元素加强理解和记忆

原理：基于大脑对视觉信息处理的优势，利用图形、图像和色彩的呈现方式，增强理解和记忆。

应用场景：适用于对视觉信息敏感的学习者，如儿童、艺术家等。同时，适用于需要记忆图形、图像等视觉信息的情况，如学习地理知识、理解科学概念等。

实操技巧：通过图表、思维导图、彩色笔记和图像等视觉化技巧来整理学习资料，记忆学习内容。

用眼睛捕捉知识，用心灵体验学习！学习不再是枯燥的文字阅读，而是一幅幅充满色彩和创意的画面！视觉记忆法正是让这种想象成为现实的方法。它通过将抽象的信息转化为视觉图像，使学习过程更加直观和有趣。

视觉记忆法源于对人类大脑对视觉信息进行处理的研究。心理学家、教育专家艾德加·戴尔指出：人们更容易记住他们看到的内容，而不是仅仅听到或读到的内容。这种方法强调视觉元素可以用来增强学习和记忆。

视觉化信息

通过将学习内容转化为视觉图像，如图表、图形和色彩，学习者能够更直观地理解和记忆信息。例如，用彩色的思维导图来整理历史事件或科学过程，不仅使信息更易于理解，还帮助大脑以更高效的方式进行信息编码和检索。此外，视觉记忆法也促进创造性思维，激发学习者的想象力和创新能力。

视觉记忆法如何将复杂概念转化为易懂图像?

学习者可以使用彩色的思维导图来整理历史事件,将关键日期、人物和事件用不同颜色或符号表示,学习者能够更清晰地理解概念之间的关系。视觉记忆法不仅限于静态图像,也可以包括动态的视觉呈现,如视频,可以进一步增强学习体验。

李华是一名高中生,面对生物学的复杂概念和大量信息,决定运用视觉记忆法来提高她的理解和记忆效率。

细胞结构的视觉化记忆

在学习细胞结构时,李华画出了细胞的详细图示。她为每个细胞器添加了简短的描述标签,并使用颜色标注重点名称,用线来连接。

【植物细胞】

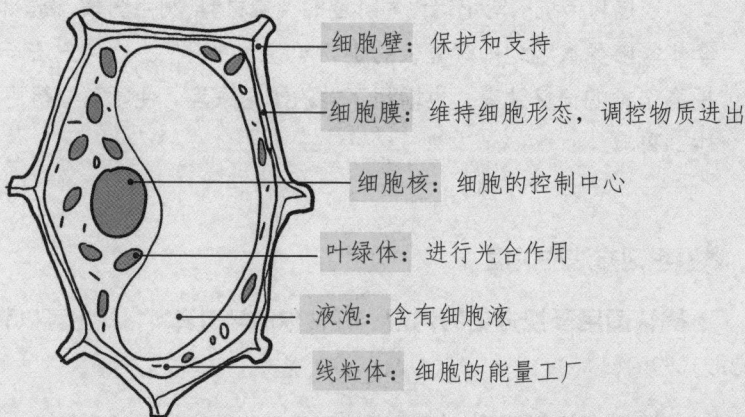

细胞壁:保护和支持

细胞膜:维持细胞形态,调控物质进出

细胞核:细胞的控制中心

叶绿体:进行光合作用

液泡:含有细胞液

线粒体:细胞的能量工厂

为了进一步加强理解,李华还观看了有关细胞结构和功能的视频课程,并参与了直播课程学习。这些资源更加动态和直观,帮助她从不同角度理解了复杂的生物学概念。

遗传学的图表表达

在遗传学的学习中，用图表来表示代际遗传过程，以及基因的表现型。这种方式直观表现了基因的遗传。

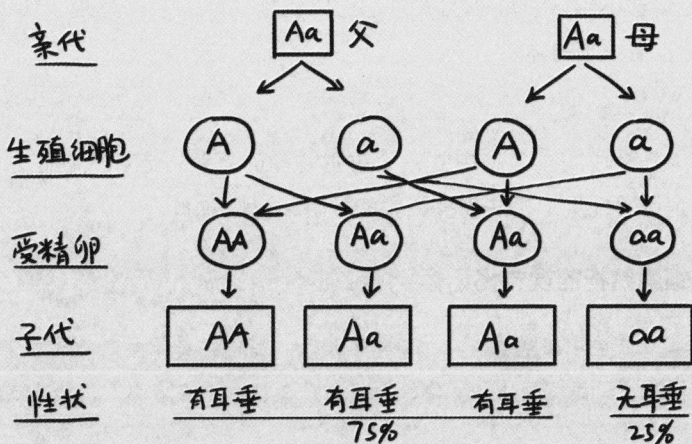

通过将传统的笔记转化为彩色的视觉材料，利用图表、模型等，李华能够更直观地理解复杂的生物学概念并记住。这种方法不仅提高了她的记忆效率，也增强了她的学习兴趣，使学习变得更加生动有趣。

掌握学习方法的关键

● **确认适用于视觉化的内容：** 评估你的学习资料，找出可以转化为视觉形式的内容。

● **创建视觉学习工具：** 根据所选内容制作适当的视觉工具。

● **积极应用视觉工具：** 在学习过程中，积极使用这些视觉工具。

温馨提示：不要担心你的艺术技巧难以实现视觉表达。视觉工具的目的是帮助你更好地理解和记忆信息，而不是创作艺术品。

视觉记忆法实践指南

处理信息过载

面对大量的学习材料时，如何有条理地将其视觉化是一个挑战。例如，小明在学习人体解剖学时，面对复杂的人体系统和结构，他决定使用分层的思维导图，每层专注于单一系统的梳理。这样的分层方法帮助他避免了信息过载，有条理地、有针对性地深入学习。

选择合适的视觉工具

不同的学习内容可能需要不同的视觉化工具。小华在准备地理考试时，发现地图和时间线是理解地理位置和历史事件的有效工具。她为地图上每个重要地点创建了标记，并用时间线串联事件，使知识变得更加直观、易于理解。

维持视觉材料的更新和相关性

注意定期更新视觉学习材料以保持其相关性和有效性。持续的更新确保了视觉材料始终与当前的学习进度保持一致。

避免过度依赖视觉材料

可以将视觉记忆法与其他学习方法相结合。小杰在学习物理时，虽然通过图表来理解概念，但他也意识到了实践这些概念的重要性。因此，他结合实际的实验操作，来深化对图表中概念的理解。

14 压缩记忆法

将知识压缩打包，减轻记忆负担

原理： 将复杂信息转化为简洁、易记的形式，通过缩写、符号或图表，将信息核心要素表达。

应用场景： 适用于需要快速掌握大量信息，如备考的情况。也适用于知识点繁杂、信息量大的学习内容，如政治、历史、经济等学科知识。

实操技巧： 采用缩写、符号或图表等方式整合关键信息，压缩信息量，高效完成记忆。

你是否曾被海量的学习资料压得喘不过气来？压缩记忆法或许是你的解药。这种方法就像是信息过滤器，帮助你从繁杂的信息中提炼出精华，让学习变得更加高效。

压缩记忆法的概念可以追溯到古希腊时期。记忆大师如西蒙尼德斯和其他修辞学家就曾使用类似的技巧来记忆长篇演讲。通过压缩记忆法，学习者能够将复杂的概念和大量信息转化为易于理解和记忆的形式。

提炼记忆

压缩记忆法的核心在于使用简短的记号来代替较多的信息，从而使内容更加紧凑和易于记忆。这种方法要求学习者在学习时，将重要的信息点用自己能迅速理解和回忆的缩写、符号或图表记下来。比如，使用"&"代替"和"，或者画一个小符号来代表一个复杂的概念。

应用过程中，学习者首先需要制定一套自己容易记忆的缩记系统，然后在学习过程中实时将信息转化为缩记形式记录下来。这样不仅能提高记笔记的速度，还能在复习时迅速通过缩记唤起对应的学习内容。压缩记忆法特别适合于需要处理大量信息和概念的学习场景，如法律、生物学或历史等领域，它帮助学习者高效整理和回顾知识点，从而提高学习效率。

如何让复杂知识轻松"上头"？

压缩记忆法的核心在于将庞杂的信息简化，创造简短的符号、缩写或图表来代表复杂的概念。这种方法促进我们对信息深入理解，也帮助我们记忆信息，因为学习者在缩记时要深入思考，理解概念本质，才能有效实现。

以医学专业的学生李华为例，他在学习解剖学时面对海量的术语和概念，将医学术语缩短为缩写和符号（如"CRS"代表"循环呼吸系统"），并用心形符号表示心脏，用"LNG"代表肺部等。他还创建了图表，将这些缩记符号标记在图表中相应位置，以形成知识网络。

另一个例子是计算机科学专业的张伟，他用压缩记法记忆编程语言的各种命令和库函数。例如，他用"IFL"代表"输入文件流"，用图形化的箭头和框架表示不同的程序流程。这帮助他快速记忆了命令，也加强了对程序逻辑的理解。

英语专业的小红面临着记忆一系列复杂的英语单词的挑战。例如，单词"antidisestablishmentarianism"对她来说是个巨大的难题。她将这个长单词分解为"anti-dis-establish-ment-arian-ism"，并为每个部分创造一个联想图像。例如，"anti"部分她联想成一个小孩做出"不"的手势，"dis"联想成一张不满的脸，"establish"则是一座坚固的建筑，"ment"是一位思考者的雕像，"arian"是一只飞行中的鹰，"ism"则被联想成一本书。通过这样的图像串联，小红能够在心中清晰地"看到"这个单词，从而迅速回忆起整个单词。

符号和缩写应具有个性化特点，与所学内容紧密相关。学习者应定期复习并更新这些符号，以保证它们在整个学习过程中的有效性。学习者使用压缩记忆法不仅减轻了记忆负担，还因其可视化和个性化的特点，增强了对复杂概念的理解。

掌握学习方法的关键

● **理解核心概念**：首先要完全理解需要记忆的信息或概念。深入研究压缩记忆法，确保对概念有全面的理解。

● **创造个性化缩记**：根据理解的内容，创造个性化的缩写。这些缩记应该简单、易于记忆，并且能够快速唤起你对原始信息的记忆。

● **建立关联**：将缩记与其代表的概念建立清晰的关联。使用故事、图像或其他技巧，使这些缩记与其所代表的内容紧密相连。

● **定期复习与应用**：定期复习你的缩记，确保熟练掌握它们。在实际应用中不断测试和完善它们，以便于更好地服务于你的学习过程。

温馨提示：压缩记忆法的关键在于个性化和创意。找到最适合你自己的方式来简化或可视化复杂信息，让学习过程更加高效和有趣。

压缩记忆法实践指南

注重缩记技巧的选择

对于不同类型的学习材料，可尝试不同的缩记技巧，比如图表、符号或联想。例如，小明在学习生物学时，发现通过构想与学习内容关联的简短故事，能够更好地记住复杂的生物学术语。这种方法帮助他将抽象概念具体化，易于理解。

强化缩记与原信息的联系

创建缩记时，重点是它们与原始信息之间的清晰关联，可以试着将缩记和相关的故事或情境联系起来。例如，小花在学习历史时，将重要事件的缩记与具体的历史故事结合，使得这些缩记更加生动且易于记忆。

简化过于复杂的缩记

当缩记过于复杂时，应该进一步简化，只留最核心元素。例如，小李在学习光合作用的知识时，第一次缩记：光合作用是植物、藻类、某些微生物，利用太阳光、二氧化碳、水，制造葡萄糖和氧气的过程。第二次简化：光合作用是植物将水和二氧化碳转化为糖和氧气。

克服压缩记忆法的局限性

明确压缩记忆法适用的信息类型，对于不适合的内容，尝试使用其他记忆技巧。例如，小刚在学习外语的过程中，采用压缩记忆法记忆常用词汇和短语；而使用思维导图法来整理和理解复杂的语法规则。这样针对性使用不同方法让他在学习上取得了更好的效果。

15 间隔式重复学习法

定时重复学习，增强记忆和加深理解

原理：基于遗忘曲线理论，通过间隔式复习来强化长期记忆。

应用场景：适用于需要长期记忆和深度学习的内容。

实操技巧：学习后于一定的时间间隔（如一天、一周、一个月后）内进行复习，加强对概念的理解和记忆。

有一种学习方法能有效对抗人类最大的学习障碍——遗忘，这就是间隔式重复学习法，一种简单却极其强大的技巧，让知识在我们的大脑中留存更久。

这个方法的起源可以追溯到 19 世纪末，由心理学家艾宾浩斯提出。艾宾浩斯通过实验，揭示了一个关键的现象：遗忘曲线。他发现，信息在被学习后不久会被迅速遗忘，但如果在特定的时间间隔后重复学习，遗忘的速度会降低，记忆效果显著提升。

定时复习，巩固记忆

我们的记忆系统可以大致分为短期记忆和长期记忆两种。短期记忆容易受到新信息的冲击而迅速遗忘；而长期记忆则能够让我们保留知识多年甚至一生。间隔式重复学习法正是基于这样一个原理，通过巧妙地安排学习和复习的时间点，促进知识从短期记忆向长期记忆的转移，从而实现深度学习和长久记忆。

这种学习法的关键在于"间隔"的设计。简单来说，就是在初次学习后，隔一段时间再进行第一次复习，之后的复习间隔时间逐渐增加。重复间隔根据艾宾浩斯遗忘曲线和大脑记忆规律设计。艾宾浩斯遗忘曲线显示，信息遗忘的速度最初非常快，然后逐渐减慢。

间隔式重复学习法如何对抗遗忘?

间隔式重复学习法通过利用大脑的记忆机制和艾宾浩斯遗忘曲线来有效对抗遗忘。此方法的核心在于通过**逐步延长复习间隔，使得每次回忆都在记忆开始衰退之时发生**，从而加深记忆的印象并转化为长期记忆。

小明是一位小学三年级的学生，因为兴趣，想在本学期内学习并记忆 50 首诗词。为了帮助他更有效地记忆，他的父母决定采用间隔式重复学习法引导小明。

周一

初次学习

小明每天专注学习和朗读一首诗词，理解诗中的字词和意象。这一阶段，他的父母帮助他解释难懂的字词，并讨论诗的主题和情感。

周二

第一次复习

在学习每首新诗的第二天，小明回顾前一天学过的诗。他尝试不看书本，自己复述诗的内容，同时进行朗读练习。

下周一

加深记忆

一周后，小明复习这周学过的所有古诗，每天复习至少五首。复习方法包括朗读和写出每首诗的关键字词，以此加深他对诗的记忆。

月底

长期记忆的维护

　　每月底，小明进行月度复习，这次他会从本月学过的所有古诗中随机选择 15 首进行深入复习。他的父母会引导他用自己的语言表达这些诗词的主题思想，也可以用创造性的方式重现诗中内容，如画画或制作简单的手工作品。

周期性复习

　　学期结束时，小明将对学期内学过的所有古诗进行全面复习。这次复习可以尝试将这些诗词与历史背景联系起来，并与家长或同学讨论，增强理解和记忆。

　　通过这种间隔式重复学习法，小明可以在学期内有效地学习和记忆 50 首诗词，还能形成长期记忆，为后续相关内容的学习打好基础。

掌握学习方法的关键

　　● **制定复习计划**：基于遗忘曲线理论，制定一个复习计划。比如，学习新内容后，在隔天、一周后和一个月后安排复习。这个计划应该根据学习进度和记忆能力灵活调整。

　　● **实施首次复习**：在学习新内容的次日进行首次复习，这是巩固短期记忆的关键时刻。这次复习可以是简短的回顾或进行小测试。

　　● **执行后续复习**：按照计划进行后续的复习，每次复习都应重点关注之前学习的内容，同时适当增加新信息。逐步将信息从短期记忆转移到长期记忆。

　　● **监控进度和调整策略**：根据记忆效果调整复习策略，可以适当调整复习间隔或方法。

　　温馨提示：合理安排复习时机是提高记忆效果的关键。

间隔式重复学习法实践指南

初始记忆的重要性

如果在首次学习时没有形成良好的记忆基础，后续的复习效果会大打折扣。确保在初次学习时充分理解和记忆信息。例如，小明在学习新的数学概念时，可以通过讨论和实践活动确保自己完全理解了概念。

复习计划的调整

固定的复习计划可能不适合每个人，根据实际记忆效果调整复习计划以适应自己的需要。如小丽在记忆英语单词时遇到困难，就可以缩减两次复习之间的时间间隔，增加复习频率。

复习方法的多样性

单一的复习方法可能导致学习兴趣下降，影响学习效果。可以采用多种复习方法保持兴趣。例如，小华在复习历史时，可以通过制作时间线、观看相关视频或参与角色扮演游戏来增加学习的趣味性。

确定适合的复习强度

过高或过低的复习强度都可能影响学习效果。过高的复习强度容易导致疲劳，而复习强度不足则可能导致记忆效果不好。根据自己的学习效果调整复习的密度和深度。例如，如果小芳在学习科学概念时感到轻松，可以适当增加复习的间隔时间；相反，如果她在某个概念上遇到困难，可以增加该部分的复习频率，并采用更多样的方法进行巩固，如通过实验或实践应用来加深理解。

第五章

深化理解

　　深化理解是提升学习效果的关键，本章将分享如何更深入地理解知识。通过高效方法，你将学会如何加深对知识的理解和应用，提高学习成效，为您的学术和职业发展打下坚实基础。

16 费曼学习法

通过输出，加深对知识的理解和记忆

原理：通过输出已学知识，促使深入理解并简化难点。

应用场景：适用于任何需要深入理解和掌握知识的学习场景，特别是自我学习、复习巩固的情况。

实操技巧：通过教授他人来加深自己对知识的理解和记忆。实操时可以尝试用简单语言解释复杂概念，遇到难点再返回深入学习。

如果你发现了一种无数天才使用过的学习方法，该有多么激动人心！这正是费曼学习法。

但这并不是一种神秘的技巧，而是一种源自一位真正的天才——理查德·费曼的简单而强大的学习方法。这位诺贝尔物理学奖得主，以其深入浅出的讲解和轻松幽默的教学风格而著称。费曼不仅在科学界留下了深刻的印记，他对教育的贡献同样令人钦佩。费曼学习法就是从他的教学实践中提炼出来的精华。

"教"是最好的"学"

费曼坚信，最好的理解方式是能够简明扼要地向他人解释复杂概念。当你试图教授别人一个概念时，你不得不将它分解，找到最根本的元素，并用最简单的语言表达出来。这个过程不仅帮助你查缺补漏，还可以加深理解和促进长期记忆。

通过这种方法，普通人可以透彻理解复杂的概念。它有助于加强记忆，深化理解和提升思维能力。它让学习者从被动接受知识转变为积极构建知识，可以培养创新思维和解决问题能力。

费曼学习法如何把普通人变天才？

费曼学习法如何激发人的潜能？将复杂的概念分解成简单的元素，并用清晰、简洁的语言表达出来。费曼学习法正是基于这样的思维模式，在应用费曼学习法的过程中，大脑便完成了一整个**解码 – 编码 – 再解码**的过程。

例如小杰，他刚开始学习分数的概念。

理解概念

解码

小杰首先学习了分数的基础知识。这一阶段是对信息的初步理解和解码。

准备教授

编码

接着，小杰尝试向他的朋友小晨解释分数是什么。在准备"教学"过程中，小杰不得不思考如何用更简单的语言和例子来讲解分数。例如，他可能用一块蛋糕被切成几个相等部分的例子来解释分数。这个过程是对原始信息的重新编码，使其更加清晰和易于理解。

再解码 深化理解

在向小晨解释的过程中，小杰可能会遇到一些问题和挑战，比如如何解释分数的加减运算。他不得不回到课本中去寻找答案，并思考如何将这些复杂的概念简化表述。当他再次向小晨解释时，他已经更深入地理解了分数，这是对信息的再次解码。

通过这个"解码-编码-再解码"的过程，小杰不仅加深了对分数的理解，还提升了自己的语言表达能力。他现在能够更加自信和清晰地处理数学问题。

你可以尝试用自己的语言解释学到的知识。无论是数学问题、科学原理还是历史事件，"教"给他人听。这种互动不仅加深了人与人之间的联系，也使学习变得更加生动有趣。

掌握学习方法的关键

● **选定主题：**选择一个感兴趣的主题，可以是在学校学习的新概念，或者是好奇的知识点。

● **深入学习：**深入研究这个主题。可以使用书籍、网络资源等帮助自己更全面地理解这个主题。

● **用自己的话解释：**尝试用自己的语言向他人，例如家人、朋友，解释这个主题。这个过程中，应该尽量简化概念，使其易于理解。

● **反馈与改进：**可以听取他人在我们解说之后给出的反馈，这可以帮助我们改进解释的准确性和清晰度。

温馨提示：无论是自认为浅显易懂的知识，还是复杂晦涩的定义，最重要的是多听取他人的反馈，并从中总结加深理解。

费曼学习法实践指南

引导探索性问题

注重激发好奇心和批判性思维，实施方法时，不仅是复述知识，而是深入理解和探索学习内容。例如，在学习关于太阳系的知识时，不要仅重复书本上的知识，可以进一步通过自我提问来加深理解，比如："如果地球离太阳更远会怎样？"或"为什么其他行星上没有生命？"这样的问题可以促进我们深入思考，寻找答案，从而进一步探索。

变换角色

在教授他人的过程中，可以尝试角色扮演，你扮演老师，让朋友或家人扮演学生。这种角色互换有助于从不同角度理解知识，也能提升自信。例如，在学习分数的概念时，你可以扮演数学老师，让朋友扮演学生。你需要用简单的语言和实际的例子（如用切割的水果来解释 $1/2$ 加 $1/3$ 等于多少）来教授这一概念，直到对方能够完全理解和运用这一概念。

小组讨论

如果可能，组织小组讨论会，与朋友们共同探讨学习内容。这种互动形式可以引导参与者从不同视角看待问题，帮助我们更全面地理解概念。例如，在探讨生态系统的平衡时，你可以与朋友们组成一个小组，每个人选择一个生态系统中的生物（如植物、动物、昆虫等）进行讨论。你们可以讨论每种生物在生态系统中的角色以及如果某个物种消失，对整个系统会有什么影响。这样的互动不仅促进了深入学习，还增强了表达能力。

17 黄金三问法

提出关键问题，深化理解和记忆

原理：提出"何为""为何"和"如何应用"三个关键问题，深入挖掘知识内涵。

应用场景：适用于探索新的学习领域时，理解问题，并逐一解决复杂问题。

实操技巧：在学习一个新概念后，先自问"这是什么"（何为），再探究"为什么会这样"（为何），最后考虑"如何在实际中应用"（如何应用）。

如果普通的学习过程能够转化为一种激发智慧、培养创新思维的旅程，该有多么激动人心！黄金三问法就有这样一种魔力，它不仅提高了学习者对知识的吸收和运用能力，更重要的是，在探索和发现的过程中培养了学习者的深度思考和问题解决能力。

黄金三问法基于教育心理学和有效学习策略的普遍原则，强调在学习过程中主动提问，以深化理解和记忆。

探索、理解、应用的艺术

黄金三问法，是一种深入探究知识本质的学习策略。这一方法引导了三个关键认知："我在探索什么？""我理解了吗？"以及"我怎样应用这个知识？"。学习者首先确定自己想要探索的知识或概念领域，激发对未知的好奇。随后，通过阅读、讨论、反思等多种方式，深入理解这个领域的核心要素和原理，构建起对知识的全面认识。最后，学习者探索将新获得的知识应用到实际情境中的可能性，通过实践操作、创造性思考或解决问题等活动，将理论转化为实践，完成从知识的探索和理解到应用的全过程。黄金三问法不仅促进了深度学习，还培养了批判性思维和创造性解决问题的能力，使学习者能够在不断的探索和实践中成长。

黄金三问法如何激发智慧火花？

首先，通过回答"这是什么？"学习者尝试用自己的语言定义和描述学习的对象，建立基础概念。接着，"为什么会这样？"的问题引导学习者探究背后的原因和逻辑，加深理解。最后，"如何应用？"的问题促使学习者思考知识在实际中的应用，提高应用能力。这个过程引导了学习者主动学习和批判性思考。

小明最近在学习光合作用，他决定尝试黄金三问法，来更深入地理解这个内容。

这是什么？

小明首先问自己："光合作用是什么？"他画出流程图，明确了光合作用是植物利用阳光将水和二氧化碳转化为葡萄糖和氧气的过程。他用自己的话描述了整个过程，并在纸上画出了相应的示意图。

为什么会这样？

接着，小明探究："为什么植物要进行光合作用？"他通过查阅资料和与老师讨论，了解到这是植物的一种能量获取方式。他进一步学习了叶绿素吸收太阳光，将其能量转化为化学能，推动水分子和二氧化碳在叶片中发生化学反应的过程。

如何应用?

最后，小明思考："光合作用与现实生活的联系？"他发现光合作用不仅是植物生存的关键，也是地球上生态系统和人类生活的基础。

通过详细的探究，小明不仅清楚地理解了光合作用的基本概念，还深入了解了其科学原理和在自然界及人类生活中的重要作用。黄金三问法不仅帮助他解决了学习难题，还激发了他对生物学的兴趣。

掌握学习方法的关键

● **理解三问**："这是什么？""为什么会这样？""如何应用？"分别指了解概念、探索原因和实现应用。

● **选择学习主题进行练习**：选择一个当前正在学习的主题，如某个科学现象、历史事件或数学公式，作为练习黄金三问法的对象。

● **深入探究每个问题**："这是什么？"——描述和解释学习主题的基本概念；"为什么会这样？"——思考并解释这个概念背后的原因或逻辑；"如何应用？"——讨论这个概念在现实生活或其他领域的应用。

温馨提示：黄金三问法的精髓在于激发好奇心和探索精神，持续的引导学习者深入探索。

黄金三问法实践指南

逐步引入和实践

开始时不要操之过急，可以先理解每个问题的意义，并在日常学习中逐步实践。例如，在学习一个新的科学概念时，可以从"这是什么？"的讨论开始，然后逐渐过渡到"为什么会这样？"和"如何应用？"的探讨。

鼓励深入探索而非表面回答

不满足于表面的答案，而是深入挖掘每个问题的本质。这可能需要学习者进行额外的研究和思考。比如，在学习关于地球的自转时，不仅要知道地球是如何自转的，还要探究自转的影响及其在自然界中的应用。

结合日常学习内容

在学习新课程或复习旧知识时，都可以应用黄金三问法。例如，当学习关于动物适应环境的课程时，可以引导自己思考："动物适应环境是指什么？"（定义），"它们为什么会适应环境？"（原因），"这种适应对动物的生存和进化有什么影响？"（应用）。

在现实生活中练习

现实案例更容易引发我们深入思考问题，比如，当讨论如何节约电力时，可以适当运用黄金三问法："节约电力的方法有哪些？"（定义），"为什么这些方法可以节约电力？"（原因），"在家庭中，我们如何具体实施这些节电措施？"（应用）。

18 关键词法

识别和利用关键词加深概念理解和知识框架梳理

原理：聚焦于核心概念和术语，关键词法帮助学习者更有效地组织和回忆信息。

应用场景：适用于需要记忆大量信息的情况，尤其适合考试复习，梳理学科知识框架时。

实操技巧：首先识别出学习资料中的关键词，然后围绕这些关键词构建学习笔记，包括它们的定义、示例和它们之间的联系。

关键词法的魅力在于，能够帮助你在知识的海洋中捕捉到最闪亮的珍珠。关键词法的核心思想并非由单一创始人提出，而是在教育和心理学领域经过多年的研究和实践逐渐形成的。它基于一个核心原理: 在任何学科中，都有一些关键的概念和术语，这些是理解该学科的基础。通过深入学习这些关键词，学习者可以更有效地建立起整个学科的知识框架。

提炼知识的艺术

关键词法的魅力在于简洁性和效率，学习者可以不在无关紧要的细节上浪费时间，而是直接聚焦于最重要的信息。这种方法不仅适用于学术学习，也非常适合于职业发展和个人兴趣的深化。它是每个追求高效学习者的秘密武器。

关键词法如何帮你找到知识海洋里最亮的珍珠

关键词法将复杂的信息简化为核心元素，帮助学习者快速定位和理解最重要的内容。关键词不仅是学习者记忆的锚点，还能促进学习者对材料深度理解。通过关联和分析关键词，学习者能够构建出一个清晰的知识网络，将孤立的信息点连接成有意义的整体。

小华正准备参加生物学考试，面对繁多的学习资料，他决定运用关键词法来高效复习。

阅读并标记关键词

小华首先快速阅读教科书和笔记，用高亮笔标出每个章节中的关键概念，例如"光合作用""细胞分裂""基因表达"等。

创建关键词清单

小华将所有标记的关键概念整理成一个清单。在每个关键词旁边简要注明其重要性和所在章节，以便快速定位。

关键词关联图

小华围绕每个关键词连接出与之相关的子概念，也尽力在各关键词中找寻关系，如将"光合作用"与"氧气释放""能量转换"等相关概念连接起来。构建出整体的知识框架。

深入研究和应用

对每个关键词进行深入研究，通过教科书、笔记或其他资料来完善每个关键词的详细解释和应用实例。尝试用自己的话重新解释关键词和关键词之间的联系，加深理解。

定期复习和自测

定期复习关键词和相关的知识网络。可以通过自我测试，如闭卷写出每个关键词的定义和其在生物过程中的作用等，进一步深化记忆。

通过这种方法，小华不仅有效地复习了生物学的关键概念，还能够将这些概念应用到具体情境中。关键词法帮助他在繁多的学习内容中找到了最重要的知识点，有效地提升了他的学习效率和理解深度。

掌握学习方法的关键

● **识别关键词：** 在学习时，注意找到核心概念，这些即是关键词，是理解学习主题的基石。例如，在学习历史时，重要的历史事件和人物是关键词。

● **探究和理解：** 对每个关键词进行深入探究，了解其定义、背景等。例如，在学习科学概念时，不仅记下定义，还要理解其科学原理和实际应用。

● **建立联系：** 分析关键词之间的关系。在学习过程中，试着将新学的概念与已知知识连接起来，形成一个更加完整的知识网络。

● **复习和应用：** 定期复习关键词，同时尝试将它们应用于不同的例子或实际情境中。这种应用可以加深理解，并帮助长期记忆。

温馨提示： 重点不在于记住尽可能多的词汇，而是在于深入理解这些关键词背后的概念。

关键词法实践指南

精准识别关键词

当你阅读科学文章、历史文献或任何学习材料时，注意留意重要的词汇和概念。比如，在学习一篇关于环境科学的文章时，重点词汇有"可持续发展"和"生态平衡"。使用彩色笔或便笺纸突出这些词汇。这不仅能帮助你在阅读时集中注意力，还能在复习时快速找到重点。

深入探索每个关键词

每个关键词背后都有丰富的知识内容。深入研究关键词，就像是探索一个个知识宇宙。可以利用网络资源、图书馆或专业期刊，了解关键词的详细含义、背景知识和实际应用等。例如，对于"可持续发展"，可以研究其在不同国家的应用案例，理解这一概念在全球范围内的实践。

建立关键词之间的联系

制作思维导图是一个很好的方法，它可以帮助你可视化地展示不同概念之间的联系。例如，将"可持续发展"与"经济增长""环境保护"等其他概念联系起来；并理解这些概念是如何共同作用于现实世界的。

定期复习与应用

学习不仅仅是积累，更是应用。定期复习关键词，尝试在不同的上下文中应用它们。无论是写作、参与讨论，还是教授他人，都是加深理解和记忆的有效方式。这样的实践可以帮助学习者更好地掌握这些概念，并能在需要时灵活运用。

⑲ 命名思考法

给抽象概念命名，建立与知识的联系

原理： 为抽象概念赋予具体、易懂的名称，建立直观的认知关联，促进深入理解和长期记忆。

应用场景： 适用于需要定义概念、挖掘事物本质的场景。在工作、学习、生活中需要提炼、总结和概括的场合也可应用。

实操技巧： 面对难懂的抽象概念，给它们起一个具体、形象的名字，以便更好地理解和记忆。

命名思考法是一种帮助我们简化复杂理论和概念的学习方法，通过为抽象的概念赋予易于理解的名称来更好地记忆和理解。这种方法源于对人类记忆和认知过程的研究，学者发现将复杂信息与熟悉的、具体的名称联系起来，可以显著提高信息的可理解性和记忆效果。

应用命名思考法，学习者可以将难以把握的抽象理论变得更加具体和直观。这种方法特别适用于处理那些需要高度抽象思维的学科，如数学、物理学和哲学等。

把抽象变具象

命名思考法的核心基于一个心理学原理，即通过形象语言将抽象概念具体化，可以加强大脑对信息的理解和记忆。当我们给一个复杂的理论或难以直观理解的概念赋予一个具体名称时，这个过程实质上是在创建一种心理标签，标签在我们的认知结构中起到"锚定"作用，使得相关信息更加易于存取。

具体来说，当抽象的信息被命名后，它就与我们的语言系统相链接，从而与大脑中已经存在的语言和概念网络建立连接。这种连接不仅加速了我们对新信息的学习过程，还促进了对信息的长期记忆。此外，命名还可以增加对信息的处理深度，因为在为概念命名的过程中，学习者必须深入思考该概念的本质和它与已知知识之间的关系。

命名思考法如何让复杂理论变得生动?

命名思考法的应用逻辑在于将抽象概念转化为具体、形象的命名，通过这种方式，学习者更容易在大脑中构建起与知识相关的图像和联想。使难以理解的理论变得易于理解和记忆。

张明是一名中学生。通过命名思考法，张明能够有效地掌握生物学概念。

当学习细胞分裂过程时，他为细胞分裂的不同阶段取了更直观、易记的名称，如将"有丝分裂"的各阶段称为"准备阶段""分裂阶段"和"完成阶段"。

在学习免疫系统时，张明将复杂的免疫反应过程通过命名法转化为一个简单的"战争故事"，其中白细胞是"士兵"，病毒是"入侵者"，而抗体则是"武器"。这种方法帮助他加深了对整个免疫系统工作的理解。

此外，张明还将这种命名思考法应用到实验中。在进行实验时，他会给实验的每个步骤起一个形象的名字，例如将提取 DNA 的过程命名为"寻找生命的密码"。这不仅使实验过程更加有趣，还帮助他更好地记住实验步骤和原理。

可以结合个人的兴趣爱好、生活经验或者是对该概念的第一印象来命名。例如，如果一个概念让你想到某部电影、一种颜色或某个历史事件，就可以使用其中的元素来命名。这样的个性化命名不仅使学习过程更有趣，而且有助于深化对知识的理解和记忆。

掌握学习方法的关键

深入理解概念：在尝试命名之前，彻底理解目标概念的核心属性和功能是必要的。这需要对概念进行详细研究，确保理解其所有重要方面。

创造性思维：使用创造性和描述性强的语言来命名。好的命名应该能够捕捉概念的本质并引起共鸣，同时也要简洁易记。

建立连接：命名时尽量利用已知的概念或熟悉的词汇，这样可以利用大脑现有的认知结构，建立新旧知识之间的桥梁，加强记忆。

应用和复习：在实际的学习和讨论中频繁使用这些名称，通过实际应用来测试和巩固这些命名的有效性和记忆效果。

温馨提示：勇于尝试，不必拘泥于常规。个性化的命名和理解，让学习变得更加有趣和有效。

命名思考法实践指南

解决命名难题

在使用命名思考法时，如果难以为某些概念找到合适的命名，尝试从概念的本质、用途或历史背景中寻找灵感，或与同学、老师交流想法。例如，在学习复杂的生物学术语时，如果难以直接命名，可以将其与熟悉的事物相比较，例如将"线粒体"比作"细胞的能量工厂"。

区分相似概念

在使用命名思考法区分相似概念时，关键是深入分析每个概念的独特属性和核心差异点，并将这些特征反映在命名中。首先，仔细研究每个概念的定义和应用，识别出它们的共同点和不同点。然后，挑选出能够准确描述这些差异的词汇，用于命名。

加强命名记忆

面对大量命名的遗忘或混乱问题，定期复习和使用这些命名。在日常学习和讨论中积极应用这些命名，例如，在学习历史事件时，制作一套关于不同历史时期和事件的命名卡片，定期复习这些卡片，以加强记忆。

提升命名创新性

如果命名过于平凡或缺乏创造性，建议思考和创造更具有创新性和深度的命名。可以尝试从艺术、文学或个人经验中寻找灵感。例如，在学习物理中的力学时，将定律命名为与它们效果相似的自然现象、历史事件或生活中见到的事物，例如将牛顿第一定律命名为"宇宙的惯性舞步"。

95

20 检索式学习法

通过脱稿复述与检索复习的循环加深理解和记忆

原理： 复述与回忆可以促进深度理解和记忆巩固。

应用场景： 在考试复习、知识巩固和深入学习中有重要作用。

实操技巧： 不断地自我测试和回顾，强化记忆和理解。不断评估自己对知识的掌握情况。

在这个信息爆炸的时代，对海量知识的学习和吸收，传统的死记硬背已经难以为继。想象一下，如果我们能像使用搜索引擎一样学习，那将会如何呢？这不是空想，而是一种被称为"检索式学习法"的高效学习策略。

这种方法的起源可追溯到美国加州大学洛杉矶分校的心理学家罗伯特·克拉玛的洞察。他注意到，主动从记忆深处检索信息的过程，远比简单地复习或重读信息更能增强理解和记忆。罗伯特·克拉玛发现，这种主动检索的行为，就像给大脑做重量训练，每次提取都使记忆更加牢固。

从被动吸收到主动提取

罗伯特·克拉玛的研究揭示了学习过程中的一个关键：从被动吸收知识到主动提取和重构知识。这不仅能使记忆强化，更是将知识深度理解和内化的过程。我们不只要记住事实，更要能够用自己的话重新表述和解释知识，从而形成自己的理解和思维框架。

学习过程中，我们首先通过阅读或听课来获得知识，这是传统学习的常规步骤，但检索式学习法在此基础上更进一步。在获得知识后，我们不是立即往后继续获取，而是合上书本或关闭视频，尝试自己回忆和重述刚刚学到的内容。这个过程就像是对自己的小测试，通过这种方式，我们强迫大脑去"检索"那些刚刚接触的知识点，加深理解和记忆。

采用检索式学习法，学习者能显著提高记忆的持久性和深度理解能力。通过主动从记忆中提取信息，加强了对知识的记忆，使学习变得更为高效。同时，它促进了学习者深入思考，帮助他们在记住知识的同时理解并重构知识，从而提高整体的学习质量。

检索式学习法如何帮你攫取知识宝藏?

这个方法的精髓在于主动地从记忆里"提取"信息，就好比跟随回忆地图上的线索，找到藏宝箱的位置。每当你自己试着回忆一个概念，或者用自己的话来解释一个难题时，其实就是在加深对这些知识的理解和记忆。这就像是在你的知识地图上标记重要的地点，使得下次找到它们更容易。

李明的历史学习经历是检索式学习法应用的一个典型示例。在这个过程中，我们可以看到检索式学习法的每个关键步骤是如何帮助他提高学习效率的。

初步阅读与自我测试

在学习了关于第一次世界大战的章节后，李明没有立即再次阅读教材，而是先合上书本，尽量回忆该章节的关键内容，如重要日期、事件和历史人物。这种自我测试是检索式学习法的核心，它迫使李明主动从记忆中提取信息，而不是被动地重复阅读。

间隔复习的应用

在接下来的几天里，李明通过间隔复习的策略来巩固记忆。每次复习之前，他都会先尝试回忆，然后再去对照教材看是否记得准确，这样做不仅加强了记忆，还帮助他发现之前未能注意到的细节。

小组讨论，深入理解

在学习小组中，李明与同学们共同学习历史事件，通过互相提问和讨论，他们能够更深入地理解历史事件的背景和相互关联。这种互动学习不仅激发了李明的批判性思考，也是检索式学习法鼓励的深层次理解和应用。

在历史考试中，李明能够快速而准确地回答问题，展示了他对知识的深刻理解。

掌握学习方法的关键

● **设定学习目标**：确定具体的学习目标，比如掌握一个新的数学概念或历史事件。这样的目标设定有助于明确学习的方向和重点。

● **引导自我测试**：在学习新知识后，不立即重看资料，而是尝试自己回忆和总结所学内容。可以请求他人帮助提出问题，进行自我测试。

● **建立间隔复习计划**：制定一个复习计划，确认几天后和一周后的复习时间。通过间隔复习巩固记忆，避免遗忘。

● **参与互动讨论**：进行互动讨论，探讨学习内容中的观点和细节。这不仅可以增加学习的趣味性，还有助于深化对知识的理解。

温馨提示：坚持主动回忆和检索，是加深理解和强化记忆的关键。

检索式学习法实践指南

间隔重复

利用检索式学习法对抗遗忘。例如，如果孩子正在学习生物学的概念，可以在学习后的一天、三天和一周进行复习，每次复习都尝试先回忆再查看资料。小华在学习细胞结构时，第一天结束后能回忆大部分信息，但三天后只记得一半。通过检索式学习法强化，她发现自己在一周后仍能准确回忆细胞的各个部分。

多方式尝试

遇到困难时不要轻易放弃，尝试从不同角度思考问题，或与他人讨论。小杰在回忆历史年代时遇到困难。他的父母引导他通过构建时间线和编创简单的故事来加深记忆，这帮助他更好地回忆和理解。

趣味性尝试

变换复习方式，如制作知识卡、安排小测验或参与角色扮演游戏。小丽为了复习英语单词，与同学一起制作了一套单词卡。通过这种方式，她不仅增加了学习的趣味性，还加深了对单词的记忆。

适当留白

在自我测试中设定开放性问题，尽量用自己的话解释概念。小强在学习物理定律时，不仅记忆公式，还尝试用自己的话解释其背后的原理。这种方式帮助他加深理解。

21 故事联想法

将学习内容融合于吸引人的故事中，提升理解和记忆

原理：人类对故事会产生情感共鸣。通过讲故事的方式激发学习者的兴趣，加深对信息的理解和记忆。

应用场景：想让学习过程变得有趣吗？可以尝试这个方法。

实操技巧：将枯燥的知识点转化为含有鲜明角色、有趣情节和丰富情感的故事，使学习内容变得生动且易于理解。

把学习变成一次与故事角色的奇妙旅行，每个知识点都化身于故事。这正是故事联想法的魔力所在，它让学习成为一场精彩纷呈的叙事之旅。

故事联想法源于人类古老的叙事传统，故事对于人类记忆和学习具有强大的促进作用。将信息编织进故事中，可以让学习者更加深刻地理解内容，并在情感上与知识建立连接。

知识与故事完美结合

故事联想法的核心在于通过构建和分享故事来促进对知识的理解和记忆。这种方法利用了人类天生喜爱故事和更容易通过故事记忆复杂信息的特性，将学习内容编织进引人入胜的叙事之中，从而提高学习的兴趣和效率。在应用这个学习法时，首先需要将学习材料分解成能够构建成故事的元素，然后创造性地连接这些元素，形成一个有逻辑的、情节连贯的故事。

这个故事可以是虚构的，但应紧密围绕学习内容展开，通过人物、情节和情感的力量，让抽象的概念或复杂的信息变得生动、易于理解和记忆。最后，通过讲述或写下这个故事，进一步加深对知识的掌握，也能通过分享故事的方式，促进交流和讨论，进一步巩固和拓展学习成果。这种方法特别适合于加强记忆、提升理解力和激发创造性思维。

如何用故事重新定义学习

通过故事联想法，学习不再是单纯的信息摄取，而变成了一场情感丰富的知识探索旅程。在这个过程中，复杂的概念被赋予生命，枯燥的数据转化为生动的故事情节，学习者不仅能够更深入地理解知识点，还能在情感上与所学内容建立深刻的联系。这种方法使学习变得更加有趣和有效，尤其是在增强长期记忆和提高学习兴趣方面具有显著优势。

> 王明以一个虚构的英国小镇作为背景，这个小镇的居民经历了工业革命带来的变化。
>
> ### 故事背景的设定
>
> 王明虚构了一个 18 世纪末到 19 世纪初的英国小镇，详细描绘了小镇的文化背景和社会结构。他通过这个小镇的变迁，展示了工业革命如何影响了人们的生活方式、工作条件和社会经济结构等。
>
> ### 角色的深度构建
>
> 王明创造了几个核心角色，包括一位机智的发明家、一位辛勤的工厂工人、一位有远见的企业家，以及一位关注社会的改革者。通过这些角色的视角，王明呈现了工业革命期间的技术创新，劳工权益的斗争，以及社会阶级变化等现象。

故事情节与历史事实的融合

在故事进展中，王明巧妙地将蒸汽机的发明、纺织工业的发展、铁路运输的兴起等关键历史事件编织进情节。他描述了这些技术和社会进步如何彻底改变了小镇的面貌，以及居民的生活和工作方式。

情感与教育的结合

王明不仅重现了历史事实，还关注故事的情感层面。通过角色之间的互动、冲突、和解，以及他们对变化的适应和抗争，王明探讨了工业革命对个人命运和社会进程的深远影响，使得这段历史学习不仅充满了情感共鸣，也充满了深刻的思考。

王明通过构建生动的故事背景、富有深度的角色和情感丰富的情节，将学习工业革命的历史转化为一次引人入胜的心灵旅程，增加了学习的趣味性和深度。

掌握学习方法的关键

● **选择合适的主题**：确保故事主题足够吸引人，能够激发你的创造力。例如，在学习历史时，选择一个具体的历史事件或时期作为故事的背景。

● **构建故事框架**：包括起始背景、主要角色、主要事件和故事高潮。这个框架应该囊括主要的知识点。

● **融入学习内容**：确保每个知识点都以故事中的事件、对话或角色行为的形式出现，以增强记忆和理解。

● **复述和分享故事**：将故事复述给他人，或者将其写下来。这个过程不仅能帮助学习者巩固学习内容，还能通过反馈和讨论进一步加深对知识的理解。

温馨提示：把握故事与学习内容之间的平衡。确保故事既富有吸引力又能准确地传达学习内容。

故事联想法实践指南

将学习内容转化为个人故事

作为学习者，你可以通过将学习内容转化为个人化的故事来加深理解和记忆。例如，若你正在学习关于细胞的知识，试着想象自己是一个探险家，在细胞的微观世界中旅行，探索不同的细胞器和它们的功能。

寻找或创作与学习内容相关的故事

在学习新概念时，尝试寻找已有的故事，如历史故事、科学故事，或者自己创作一个故事来帮助理解。这样的故事应该能够反映出学习内容的核心概念和细节。

在故事中寻找学习元素的联系

使用故事联想法时，关注故事中不同元素之间的联系。例如，如果故事中有一个角色代表特定的科学原理，思考这个角色与故事中其他角色或事件的关系，这可以帮助你更深入地理解概念之间的关系。

使用故事来复习和巩固知识

在复习学习内容时，回想或重述与该内容相关的故事。这种方式不仅可以帮助巩固记忆，还能使复习过程更加有趣和生动。记住，故事可以是学习和理解世界的强大工具。

第六章

将"爆炸"的信息梳理清晰

在信息爆炸的时代，如何梳理海量信息成为我们面临的挑战。本章介绍的实用工具，帮助你清晰地组织和呈现复杂信息，提升工作效率和学习效果。

22 思维导图法

通过图形化工具组织和呈现思维框架，帮助更高效地理解和记忆复杂信息

原理：基于大脑信息处理特点，通过视觉元素和非线性结构更高效地组织和表达思维。

应用场景：适用于概念整合、信息分类、创意思考，以及任何需要将复杂信息体系化的学习场景。

实操技巧：从一个中心点开始，围绕主题添加关键字、图片等信息，创建出多层次、信息相关联的图像。

如果你的思维像宇宙一样无限扩展，每一个想法都像星辰一般发光，那么学习将变得多么迷人！这正是思维导图法带给我们的魔力。它不仅是一种学习工具，更是一种思维艺术，让复杂的信息清晰呈现，轻松打造你的思维宇宙！

思维导图由英国心理学家托尼·博赞在 20 世纪 70 年代提出。他认为传统的线性笔记限制了人们的创造力和记忆力，而思维导图则可以通过模拟大脑的放射状思维方式，激发人们的创意和潜能。

非线性思维展开

思维导图鼓励我们从一个中心主题出发，通过分支结构去探索、连接和展开思维和概念。通过这种方式，我们可以自然地模拟大脑的工作方式，将信息以网络形式组织，而不是单一的线性列表。

这种方法特别适合于整合大量信息和概念，如课程复习、项目规划或创意思维。此外，它还能提高思维的灵活性和创造力，使学习过程更为有效和愉快。

如何将枯燥课本变身彩色知识网?

使用思维导图可以将传统的、线性的学习方式为一种更为生动、互动的方式。这种方法不仅帮助学习者以一种全新的视角来整理和理解信息，还激发了创造力和深度思考。通过将信息以网络的形式展现，学习者能够更容易地看到不同概念之间的联系，从而实现更全面和深入的学习。

张华面临着一个巨大的挑战：如何有效地复习信息密集的大学历史课程。

构建历史线索

张华首先在思维导图中心写下"世界历史"，然后绘制出几个主要时代的分支，如"古埃及文明""希腊罗马古典时期""中世纪欧洲"。

细化关键事件

在每个时代的分支下，张华详细地描绘了关键事件、历史人物等。例如，在"古埃及文明"分支下，他详细标注了金字塔的建造、法老王的统治和象形文字的使用。

整合视觉元素

为了使学习更加生动,张华在思维导图中加入了历史事件的图片，如法老王的肖像、希腊罗马的雕塑作品。他还使用颜色代码来区分不同的文明和时代。

寻找关键词间的关系

张华进一步探索思维导图中内容之间的联系，如"宗教对文明的影响"。

反复审视和扩充

随着课程的深入，张华不断地审视和更新他的思维导图，加入新的信息，调整布局，以反映他对历史的深入理解和新的洞察。

在思维导图中加入图片和颜色，不仅增强了视觉吸引力，也提高了记忆效率。思维导图有助于记忆具体事实的同时，也增强了历史事件之间联系的呈现。

掌握学习方法的关键

● **确定中心主题**：每个思维导图应始于一个清晰定义的中心主题，这将是你思考和组织信息的核心。

● **添加主要和次要分支**：从中心主题延伸出主要分支，代表主要概念或子主题。然后在每个主分支上添加次要分支，以进一步细化信息。

● **利用颜色和图像**：颜色可以用来区分不同的主题或强调特定部分，而图像和符号可以帮助记忆和增强理解。

温馨提示：不要担心思维导图的美观程度，更重要的是它是否能帮助你清晰地组织和呈现信息。

思维导图法实践指南

防止过度复杂化

在制作思维导图时，要避免添加过多细节，以免导图变得杂乱。例如，小丽最初制作的化学反应导图过于复杂，难以追踪核心概念。她删减了内容，只保留关键信息，如反应物、产物和反应类型，使思维导图更加清晰和可读。

注意文字和视觉元素的协调

合理使用文字和视觉元素是关键。小明在制作关于世界历史的思维导图时，发现过多的图片和颜色反而会分散注意力。他通过减少图像数量并只用颜色强调最重要的事件，使导图更加清晰，有重点。

持续更新思维导图

学习是一个动态过程，因此定期更新思维导图非常重要。小华在准备法律考试时，随着她对课程理解的深入，不断地添加新的案例和法律原则到思维导图中。这帮助她完善了知识体系，并加深了理解。

适应个人学习风格

学习者要让思维导图法适应个人的学习风格。小李在学习编程时，用思维导图来呈现不同的编程概念和语言特性。他发现通过添加代码示例和算法流程图，能更有效地理解和记忆复杂的编程概念。

23 概念图学习法

整理和探索知识间的联系

原理：通过节点代表概念、连接线标示概念间关系的方式，可视化知识间的关联，便于理解与记忆。

应用场景：适用于学科知识的系统整理和理解，通过将概念及其关系以图形化方式呈现，有助于构建清晰的知识网络。

实操技巧：明确地图中心主题，逐步列出相关概念，展开概念关系图表，并精确描述概念关系，以构建一个全面反映知识体系的网络结构。

吸收知识会耗费很多精力，但也有优秀的方法帮助学习者消化吸收知识。概念图学习法，让你在学习的过程中可以四两拨千斤。

在信息传递和理解过程中，图片具有独特的优势，它们能够跨越语言和文化的障碍，直观、即刻地传达复杂的概念和信息。这种视觉表达的力量，尤其在学习和记忆方面显得尤为重要。

概念图学习法是由美国教育家约瑟夫·诺瓦克在 20 世纪 70 年代提出的。最初是为了帮助学生理解科学概念，后来其应用范围迅速扩展到各个学科领域。这种方法的优势在于它能够帮助学习者不仅记住孤立的事实，而且理解事实之间的联系，从而促进深层次学习。

连接思维

将关键概念以节点形式表达，并用连接线标示它们之间的关系，学习者能够在一个直观的框架内理解和记忆信息。使用概念地图的过程涉及几个关键步骤：首先，确定中心主题，并将其置于图表中心；接着，围绕中心主题列出相关的关键概念，并将这些概念以分支的形式从中心延伸出去；然后，为每个概念与中心主题或其他概念之间画上连接线，并在连接线上标注概念间的关系；最后，通过不断地细化和添加新的概念与连接，将更多的信息融入这个结构中。

在实践中，概念地图不仅是一种学习工具，也是一种思考、组织知识的方法。它让学习者能够以全新的视角看待知识，发现以往忽视的联系，激发创新思维。

概念图学习法如何让学习历史事件变得条理清晰

通过将复杂的历史事件以视觉化的形式呈现，概念图学习法能帮助学习者更好地理解和记忆历史上的重大事件及相互关系。这种方法强调将事件放入一个大的框架中，使得学习者可以看到不同事件之间的联系和影响。

张明正在准备一个关于欧洲文艺复兴历史的详细报告，决定采用概念图学习法来组织和呈现信息。

中心概念绘制： 张明在一张大纸的中心画了一个圆圈，写上"欧洲文艺复兴"四个字作为核心概念。这个圆圈是整个概念地图的焦点。

主要分支创建： 从"欧洲文艺复兴"的中心圆圈向外扩展四个主要分支，分别是"关键人物""艺术创新""科学进步"和"社会影响"。每个分支用不同颜色的线条表示，以便区分。

关键人物详细化： 张明在"关键人物"分支下，写下了达·芬奇、米开朗琪罗、莎士比亚等人的名字，旁边注明他们的主要成就，如"达·芬奇《蒙娜丽莎》"。

艺术创新展开："艺术创新"分支下,张明列出了几项创新技术,如"透视法""人体解剖学在绘画中的应用",并写出具体的作品或技术解释。

科学进步阐述:在"科学进步"分支下,张明标注了如"日心说""牛顿运动定律"等关键科学发现。

社会影响分析:"社会影响"分支探讨了文艺复兴对社会思潮的影响。张明列出了各种思潮,并在旁边详细描述其内容和结果。

互联与细化:最后,张明补充了概念之间的关系。例如,"达·芬奇"和"科学进步"的关系——"解剖学研究",以展示人物与科学发现之间的联系。

通过以上步骤,张明的概念图不仅清晰地展示了欧洲文艺复兴的各个方面,还因颜色、符号和箭头等视觉元素增强了信息的层次感和可读性。这种方法使得复杂的历史内容可以清晰呈现,便于理解和记忆。

掌握学习方法的关键

⬤ **明确目标**:在开始绘制概念地图之前,明确你希望通过地图达到的学习目标或解决的问题。

⬤ **收集信息**:广泛收集和整理与主题相关的信息和概念,包括关键术语、定义、过程和原则等。

⬤ **构建框架**:概念之间用连接线表示关系,构建出有层次的结构框架。

温馨提示:不要担心起初的地图不够完美。概念地图是一个动态的学习工具,随着你对主题理解的深入,它应当不断地被修改和完善。

概念图学习法实践指南

避免信息过载

当面对大量信息时，先概括大意，再逐步深入到具体细节，避免一开始就陷入信息的海洋无法自拔。以构建一个大事件的概念地图为例，先确定核心概念和主要事件，然后逐步添加细节和次级概念。

解决概念混淆

对于容易混淆的概念，通过在地图中明确它们之间的关系和区别加以区分。比如，在学习细胞结构时，通过不同颜色或形状标注细胞器，明确不同细胞器的功能和特点，帮助区分和记忆。

复杂知识的解构

当遇到难以理解的知识时，尝试将其解构为更小的概念，并寻找与已知概念之间的联系。例如，在学习复杂的化学反应时，可以将反应分解为多个步骤，并与之前学过的知识建立联系。

提高学习动力

将学习内容与个人兴趣或实际应用相联系，可以显著提高学习动力。例如，如果你对历史感兴趣，可以通过构建某一历史时期的概念图，将学习内容与喜爱的历史故事相结合。

24 对比法

通过比较加深对不同概念的理解

原理：强化概念之间的相互关系和差异，帮助学习者在多个维度上深化知识理解，从而有效地提高学习效果。

应用场景：在需要区分和理解相似或对立概念时使用。

实操技巧：在学习过程中主动寻找并对比相似或对立的概念，以加深对知识点的理解。

通过对比法，我们可以从不同角度审视问题，发现更深层次的答案。

对比强化

对比法，也被称为对比学习法，是一种通过比较相似或对立的概念来深化理解和记忆的学习方法。在实际应用中，学习者对于要学习的新概念，可以列出与之相似或对立的知识点，然后深入探究它们之间的差异和联系。通过这一过程，学习者不仅能够清晰地区分这些概念，还能在比较中进一步理解知识结构。例如，在学习历史时，对比不同历史时期的社会制度。这种学习法不仅加深了学习者知识的理解，还激发了批判性思维，提高学习深度。

用对比法揭示差异和加深理解

对比法的关键在于有效地使用对比来增强理解和记忆。这种方法尤其适用于揭示不同概念之间的异同，帮助学习者构建更为丰富和精准的知识网络。

小玲正在学习英语的动词时态，可以使用对比法来比较不同时态的用法，例如"一般现在时"和"现在进行时"。

确定对比对象

选择两个需要比较的时态，比如"一般现在时"和"现在进行时"。

制作对比表格

	一般现在时	现在进行时
形式： 列出每个时态的构成规则。	"一般现在时"通常用动词原形。	"现在进行时"则是由"be动词 + 动词-ing"构成。
用法： 列出每个时态的主要用途。	"一般现在时"用于描述习惯性动作或普遍真理。	"现在进行时"则用于描述正在进行的动作或当前阶段的状态。
例句： 每个时态写出具体例句，以便直观地看到它们的应用。	She reads every day.	She is reading a book now.

分析异同

相同点：两者都用于描述现在的情况。

不同点：一般现在时强调常态或习惯，现在进行时强调特定时刻的行为或临时性状态。

实际应用：尝试用这两个时态来描述你的日常生活，例如写日记或与人交谈时有意识地运用它们。

通过这样的对比，小玲不仅能清楚地看到两种时态的区别和联系，还能通过具体例子加深记忆，提高应用能力。这种对比法可以扩展到学习其他语言结构、历史事件、科学理论等多个领域，都是通过找出核心差异和联系来加深理解的有效方式。

掌握学习方法的关键

● **确认对比元素**：首先，需要确定两个或多个要作对比的概念。

● **深入研究各个方面**：对概念从不同维度进行深入研究。包括它们的定义、应用、背景等。

● **进行对比**：一旦掌握了不同概念各自的特点，就可以开始对它们进行比较。分析它们的相似之处和不同之处。

● **应用于实际问题**：再将概念应用于实际问题或情景。通过实践应用，你可以进一步理解这些概念。

温馨提示：概念之间的差异，可以帮助学习者深入理解概念，而探索与质疑正是创新思维摇篮。

对比法实践指南

辨识易混淆概念

在学习时，可能会遇到对相似但本质不同的概念的误解。例如，学习经济学时，容易混淆"供给"与"需求"。针对这个问题，建议深入研究每个概念的定义和特点，并通过制作图表来明确概念间的差异与共同点。例如经济学生小李通过创建供需曲线的对比图，清晰区分了两者的特征，避免了混淆。

应对信息过载

当面对大量信息时，你可能会感到困惑。为了有效地处理，建议可以分步骤进行，首先理解概念的基础，然后逐步进行比较。例如，小李在准备科学课的辩论赛时，看到了关于全球变暖原因的对立观点。他决定先单独研究每种观点的证据和论据，然后比较这些信息来形成自己的立场。

善用图表

思维导图或表格是对比法较为有效的工具。例如历史专业的学生小赵在学习不同时期的政治体制时，使用表格列出每个时期的特点，帮助她清晰地区分和记忆这些信息。

处理观点偏见

在面对多样化的信息和观点时，很容易受到先入为主的影响。为了避免偏见带来的误判，处理和评估不同的观点可以采用对比法。通过直接比较不同观点的论据，帮助我们从多角度理解问题，减少偏见的干扰。

第七章

专项精炼　深度学习

　　专题学习是深入掌握某一领域知识的有效途径。本章将带你领略整体性学习法、刻意练习法等高效学习方法，助您在专题学习中取得突破性进展，快速提升专业能力和素养。

25 整体性学习法

通过连接知识点，整体把握和关联学习内容

原理： 知识可以相互连接成网络，联系地理解，有利于新知识的获取。

应用场景： 适用于希望提高学习效率和知识整合能力的学习者，特别在需要跨学科知识融合和复杂问题解决时最为有效。

实操技巧： 将要学习的概念与已知知识连接，构建网络，深化理解。

知识不是独立的，如果学习像玩一个巨大的连线游戏，每个知识点都会被连接，创建了一个充满探索乐趣的网络！这就是整体性学习法带给我们的全新体验。

整体性学习法并不是单一创始人的成果，而是多位教育专家、心理学家和认知科学家在理解大脑处理信息方式的基础上共同发展出的方法。这种学习策略结合了联结主义、建构主义和认知心理学等多种学习理论，强调通过构建知识间的联系来提升学习效率和深度。

用连接构建理解

整体性学习法是一种将知识作为一个连贯整体来学习的方法。这种方法的核心在于理解和应用知识之间的联系，从而构建知识网络。使用这个方法时，学习者首先尝试把握概念或主题的全貌，通过探索各个部分之间的相互关系和联系，深入理解其内在逻辑。例如，学习一个科学定义时，不要只关注公式的记忆，更重要的是理解公式背后的科学概念、它是如何被发现的，以及它在现实世界中的应用等。

整体性学习法如何把知识变成连线游戏?

整体性学习法将知识学习转变为一场富有挑战和乐趣的连线游戏，它鼓励学习者不要记忆孤立的事实，而是发现和构建知识之间的联系。知识之间不是独立存在，而是彼此关联的。学习者通过建立连接，就像在脑海中绘制一张庞大的、互相连通的知识地图，可以更加深入和全面地理解复杂的概念。

小红正在学习人体系统及功能相关知识，她尝试通过整体性学习法更好地理解和记忆复杂的人体系统。

构建知识框架

小红首先绘制了一个包含人体主要系统（如循环系统、消化系统、神经系统等）的大型思维导图。她为每个系统设定一个区域，并列出每个系统的主要器官和功能。

探索概念之间的联系

接下来，小红开始研究系统内部以及之间的相互作用。例如，她探索循环系统如何通过输送氧气和营养物质支持运动系统工作，以及这些系统如何依赖神经系统来调控。

深化理解

为了深入理解每个系统的具体功能，小红通过在线课程和实际解剖模型进行学习。她在思维导图上添加每个系统的详细描述和器官之间的相互作用。

通过教学巩固

小红向同学们讲解她的思维导图，这不仅帮助了同学们理解这些知识，也加深了自己的记忆。

通过这种整体性学习法，小红能够系统地掌握人体系统及功能知识，有效地将各个知识点联系起来，形成一个完整的知识网络，使学习过程更加有效和有趣。

掌握学习方法的关键

🟡 **了解整体性学习法的基本原则**：了解整体性学习法的核心概念，理解知识之间的关联和网络。

🟡 **选择一个学习主题作为起点**：选取一个具体的学习主题，作为实践这种学习方法的初始点。

🟡 **探索知识之间的联系**：探讨所选主题内的不同知识点，并寻找它们之间的联系。

🟡 **将所学应用于实际或其他学科**：思考所学知识如何应用于日常生活或与其他学科的知识相连。

温馨提示：在使用整体性学习法时，保持好奇心和开放心态，就能更自然地发现知识间的联系，并享受这个学习过程。

整体性学习法实践指南

构建知识之间的网络

整体性学习法核心在于将孤立的知识点连接成一个有机的网络。在学习时，不仅仅是记住信息，而是思考它们如何相互关联。比如，在学习历史事件时，探讨这些事件如何影响了今天的社会和文化，从而建立历史与现实的联系。

利用类比和联系加深理解

在学习新概念时，寻找与已知知识的类比和联系，这有助于深化理解。将复杂的科学理论通过日常生活中的例子来解释，比如用河流的流动来帮助理解电路中电流的概念。

多维度思考和应用

整体性学习法鼓励从多个角度思考问题。当面对一个概念时，尝试从不同视角来探讨它，这样可以更全面地理解。比如，在学习生态系统时，可以从生物学、地理学和环境科学等方面进行考虑。

持续的实践和反思

定期回顾和反思所学知识及其联系，确保知识网络的持续增长和完善。如果发现某些连接不够强，可以通过额外的研究或讨论来加强这些联系。例如，在学习完一个数学章节后，回顾其与先前章节的联系，并思考如何在未来的问题中应用这些知识。

26 分层强化学习法

按难易程度分层级逐一解析学习内容，逐步提升学习深度

原理：基于认知心理学，从基础到高级逐步学习，可以更有效地构建和巩固知识体系。

应用场景：适用于需要将复杂学习任务分解为若干层次以逐步攻克、提高学习效率及应对学习困难的场合。

实操技巧：从基础开始学习，逐步过渡到更复杂的内容，确保在进入下一层级前，前一层级的内容已被充分理解和掌握。

你是否曾为复杂的知识内容感到困惑？不要担心，分层强化学习法可以帮助你攀登知识高峰。这种方法可以帮助你从基础知识开始，一步一步地深入复杂领域。

分层强化学习法的理念源自教育心理学，其中最主要的是布鲁姆的认知领域分类理论。布鲁姆的分类理论强调了从简单到复杂的学习过程，提出了有效构建知识体系的分层方法。

逐层构建

分层强化学习法让学习者从最基础的知识开始，逐步深入更高层次的内容。每一层的学习都建立在前一层的基础上，确保了知识体系的连贯性和完整性。通过使用分层强化学习法，学习者可以系统地拓展知识领域的深度和广度。这种方法通过分步骤、逐层深入的学习模式，帮助学习者逐渐构建起坚实的知识基础，并在此基础上扩展更深层次的理解。

逐层攀登知识高峰!

在应用分层强化学习法时,重点在于从基础开始,逐步探索更深层次的内容。首先,明确学习内容的基础层次。然后,逐层学习。每进一层要确保前一层的知识已经牢固掌握。这种方法让学习者可以专注于学习层的内容,避免分心于更深一层的内容,使得信息过载。

在王明的学习案例中,我们可以更深入了解他是如何通过分层强化学习法逐步掌握编程技能的。

构建基础知识

王明开始时专注于编程的基础概念学习,如变量、数据类型、控制结构等。每学习一个新的概念,他都会通过编写简单的程序来加强理解,如创建循环来计算数字的总和。

应用基础知识

在掌握基本概念后,王明尝试将这些知识应用于解决简单的实际问题。例如,他编写了一个小程序来整理和分析个人财务数据。

逐层深入

随着基础概念的巩固,王明开始学习更高级的概念,如对象导向编程、数据结构。每次学习新概念时,他都会尝试理解其与基础概念的关联,并通过编写更复杂的程序进行实践。

实际项目实践

为了进一步提高技能,王明加入了一个开源项目,实际参与软件的开发。这个过程中他学习了版本控制、代码协作等高级技能,并将所学的数据结构和算法知识应用于实际问题。

深度理解与创新

王明开始探索更高级的主题，如软件架构和设计模式。他不仅理解了这些概念的理论部分，还尝试在自己的项目中实现这些先进的设计理念。

分层强化学习法的一个关键技巧是在每一层学习之后进行实践应用。这种实践不仅巩固了王明的理论知识，也帮助他更好地理解每个层级内容之间的联系。通过将理论与实际相结合，学习者可以更深刻地理解每个概念，同时培养出解决实际问题的能力。

掌握学习方法的关键

● **明确学习目标**：首先，明确你的学习内容和学习目标。这将帮助你确定学习的起点和需要达到的深度。

● **划分学习层级**：将学习内容分成不同的层级，从最基础的知识开始，逐步划分出更高难度的内容。每个层级应包含必要的知识点和技能。

● **逐层深入学习**：从最基本的层级开始学习，并确保在进入下一层级之前已经充分掌握当前层级的内容。每一层级的学习都应建立在之前层次的基础上。

● **持续复习和实践**：定期复习之前的层级，并尽可能将所学内容应用于实践。这有助于巩固知识并理解不同层级内容的联系。

温馨提示：基础层级的"扎实"是达到更高层级学习成功的关键。在遇到困难时，可以复习之前层级的内容。

分层强化学习法实践指南

应对基础知识掌握不牢

若在较高层级的学习中遇到障碍，可能是由于基础知识掌握不牢固。如李娜在学习大学物理时遇到难题，她回顾并加强了基本物理原理的学习。回到基础层级的复习有助于巩固基础，以更好地理解高级概念。

平衡不同层级的学习

保持不同层级知识学习间的平衡至关重要。张伟在学习编程时，同时关注基础语法和应用开发。他通过实践项目将概念应用于实操，这样既练习了基础技能，又提高了实践能力。

适时调整学习节奏

不同的学习层级可能需要不同的学习节奏。王芳在学习外语时，初期快速掌握了基础词汇，但在进入语法和会话练习时放慢了学习进度。调整学习节奏以适应不同难度的内容是保持有效学习的关键。

整合知识点

学习过程中，重要的是将不同层级的知识点联系起来。赵雷在学习历史时，不仅记住了历史事件的名称和日期，还努力理解不同历史事件之间的联系。通过绘制时间线和比较不同历史时期，他能更深刻地理解历史的脉络。

27 刻意练习法

精练特定技能，取得大幅进步

原理： 聚焦于某一技能，通过有目的的练习和持续反馈循环，达到精熟。

应用场景： 适用于在技能型领域中希望快速提高技能水平的学习者，通过持续、有目的的练习达到卓越表现。

实操技巧： 设定清晰的学习目标，分解技能进行针对性练习，接受专业指导，持续自我评估和调整练习方法。

如果一种方法，能够通过精确的训练方式，让你的技能在短时间内突飞猛进，甚至达到专业水平，你会去使用吗？这正是刻意练习法的惊人效果。这种学习方法源于安德斯·艾利克森教授的研究，他在研究世界级音乐家、运动员等高水平者时发现，这些人达到卓越成就的共同点在于他们都经历了长期、有目的的刻意练习。这种练习不同于一般的重复性训练，它需要在专业指导下，针对特定技能进行有计划、有目标的练习，并不断获取反馈和改进意见。

跳出舒适区，不断挑战自己

刻意练习法不仅仅是简单地重复，而是一种有目的、有计划的训练方式，其目标是突破个人的舒适区，挑战自我极限。通过具体的、针对性的任务，以及持续的反馈和调整，学习者可以持续提高自己的技能水平，达到之前未曾触及的高度。这种方法鼓励我们不断探索自我潜力的边界，尽己所能提高自己的技能。

通过刻意练习法，学习者可以实现**从平庸到卓越的飞跃**。这种方法帮助我们在特定领域达到高度熟练甚至专家级别。目标明确的练习、持续的反馈和自我调整是提高技能水平的关键。它教会我们有效地利用时间，专注于具体的技能，克服困难，最终实现技能的全面提升。

✎ 刻意练习法如何让你成为领域专家？

刻意练习法要求我们设定具体且有一定难度的目标，并持续地集中精力攻克这些挑战。这个方法的核心是反馈和自我调整。我们需要不断地评估自己的练习效果，并不断调整练习方法。这种持续的、有针对性的努力，最终将实现技能水平的显著提升。

小李，一位业余高尔夫球爱好者，渴望提高自己的挥杆技巧。他采用刻意练习法，明确设定目标：提高挥杆的准确性和力度。

明确目标

小李与教练讨论后，确定了具体的练习目标，即提高挥杆的准确性和力度。

专注练习

小李开始专注于每一个细节的练习，比如握杆姿势、身体平衡和力量分配。他反复练习每一个挥杆的分解动作，确保每一个环节都做到最好。

反馈和调整

每次练习后，小李都会与教练讨论练习的效果。他记录下每次练习的细节，包括挥杆的角度、力度和准确性。根据教练的反馈，他调整自己的练习方法。

持续进步

小李持续这样的练习数月。他注意到自己的挥杆技能在逐渐改善，不仅挥杆更加流畅，而且准确性和力度都有了显著提升。

在刻意练习法中，记录和分析是至关重要的。通过详细记录每次练习的情况，并分析成功和失败的环节，学习者可以更好地理解自己的进步，发现需要进一步改进的地方。这样的记录还可以指导我们在未来的练习中如何更有效地分配时间和精力。

掌握学习方法的关键

● **设定具体的练习目标**：确定具体、可量化的练习目标，如提高特定技能的效率或质量。

● **分解练习任务**：将复杂的练习目标分解为小的、可管理的练习单元，以便专注于每个具体的技能点。

● **持续专注练习**：在练习过程中保持高度专注，确保每次练习都是有意义和有目的的。

● **主动寻求反馈和调整**：定期获取专业的反馈，并根据反馈调整练习计划和方法，保证练习的有效性。

温馨提示：要理解成为高手是一个逐渐积累的过程。每一次练习都是向目标迈进的一小步。

刻意练习法实践指南

克服挫折感的策略

刻意练习往往伴随着挑战和挫败感。例如，一位初学编程的学生可能在理解复杂的算法时遇到困难。在这种情况下，建议采用分步学习法，先从基础概念入手，逐渐过渡到高难度内容。同时，记录和庆祝每一个小成就，以维持积极的学习态度。

有效的时间和能量管理

由于刻意练习需要集中大量的精力，有效管理个人的时间和能量变得尤为重要。比如，一名备战马拉松的跑者应该制定详细的训练计划，包括高强度训练、休息日和恢复期，确保身体和心理都得到充分的准备。

寻求专业指导和反馈

在刻意练习的过程中，专业的指导和反馈是不可或缺的。例如，一位志在成为专业画家的艺术生应定期向老师展示自己的作品，接受批评和指导，了解自己的优势和需要改进的地方。此外，加入艺术工作坊或小组，与同行交流心得，也能获得宝贵的外部视角。

记录、分析进步并调整策略

详细记录练习过程和成果，有助于监控进步并及时调整学习策略。例如，一位外语学习者可以通过录音来记录自己的口语表达，随后回听并分析语言流畅度、发音准确性等方面的进步。这样的自我评估有助于发现学习盲点，并针对性地加强训练。同时，设定阶段性目标，如每周掌握一定数量的新单词或表达，能有效提高学习的系统性和效率。

28 西蒙学习法

持续、专注地深入研究，短时间内掌握大量知识

原理： 一种高效学习策略，旨在短时间内深入掌握知识或技能。

应用场景： 适用于高效记忆和快速掌握知识的需求。

实操技巧： 设定明确学习目标，每天固定时间集中学习。运用高效学习技巧如番茄学习法，及时将所学内容应用于实践。

只需半年的时间，就能让你在喜欢的领域变成专家，无论是编程、语言，还是任何你向往的技能。这听起来像是魔法，但其实这正是赫伯特·西蒙教授提出的西蒙学习法所能做到的。

赫伯特·西蒙，这位诺贝尔经济学奖得主，不仅是一位经济学家，还是认知科学和人工智能的先行者。西蒙学习法源自他对人类学习方式的深刻见解，它打破传统学习的局限，帮助学习者在极短的时间内实现从入门到精通的跨越，无论是探索新的科学领域还是精进专业技能都适用。

持续、专注、实践

西蒙学习法强调持续不断地学习，每天投入固定的时间去深入一个特定的领域。在这个过程中保持高度集中的专注力，避免被外界干扰。最后将所学的理论知识应用于实际情境中，通过动手操作、解决实际问题来加深理解和巩固知识。这种学习方法不仅提升了学习效率，还能够使所学知识更加牢固，最终转化为个人的实际能力。简言之，西蒙学习法使学习者能够在短时间内掌握和应用所学知识。

西蒙学习法如何让你在六个月掌握一门学问?

通过设定明确的学习目标和分阶段的细致计划，西蒙学习法可以帮助我们在六个月内系统地掌握一门学问。这种方法要求学习者持续专注于每日的学习任务，并不断评估以调整学习策略。通过将学习内容划分为可管理的小部分，并安排定期的复习和实践，使得能在短时间内深入理解和应用新知识，从而高效地达成学习目标。

李华用西蒙学习法挑战掌握日语口语。计划在六个月内达到留学需要的基础交流水平，这个方法需要持续、系统地学习计划和实践。

明确学习目标

设定具体、可达成的学习目标，例如"六个月内能够用日语进行基本日常生活交流，包括问路、购物、就餐等"。确保目标明确且具体。

制定详尽的学习计划

将整个学习周期分为几个阶段：前两个月专注于掌握基础词汇和简单对话；中间两个月学习常用语句和表达方式；最后两个月进行实际对话练习和场景模拟。这种分阶段的方法有助于确定学习的目标和针对性，是西蒙学习法的实践核心。

定期地专注学习和练习

每日安排固定的学习时间，坚持使用多样化的学习资源。通过反复练习和长时间的沉浸式学习，加深对语言的理解和使用能力。

评估与调整

定期评估学习进展，确保可以实现每个学习阶段的目标。若进展不如预期，及时调整学习策略或增加学习量。

实际应用和模拟

结合西蒙学习法的实践指南，通过语言角、模拟对话等形式增强实际应用能力。在学习的后期阶段，频繁地进行角色扮演和真实情境的对话练习，提升口语交流能力。

反馈与优化

从教师或学习伙伴处收集反馈，找出学习中的不足，并据此调整学习方法。

通过这种系统化且持续的学习，李华可以在准备出国留学期间，有效地提升日语口语能力，充分准备好面对日常的基本交流需求。

掌握学习方法的关键

● **设定学习目标和时间框架**：明确你想要在六个月内完成的学习目的，并制定一个具体的时间表。比如，如果是学习一门新语言，决定掌握的词汇量、语法规则和会话能力的程度。

● **分解学习内容为信息块**：将学习内容细分为信息块，每个信息块可以是一个新词汇、一个语法规则或一个实用短语等。确保每个信息块都在 1 分钟至 1.5 分钟内可以被理解和记忆。

● **制定每日学习计划**：每天安排大约五小时的学习时间，用于学习这些信息块。规划好学习内容的多样性和平衡，比如阅读、听力练习、口语练习轮流进行等。

● **实践和复习**：将所学内容应用于实际情境中进行练习，比如实际对话、写作或实验等。定期复习旧的信息块以强化记忆，确保以前学过的内容不被遗忘。

温馨提示： 每天的坚持和专注是达到六个月学习目标的关键。

西蒙学习法实践指南

分模块学习，避免信息过载

在面对大量学习材料时，将内容划分为小模块，专注于每个模块的学习。比如在学习编程时，可以将不同的编程概念、数据结构或算法划分为不同的学习模块。为每个模块安排特定的学习时间，逐一掌握。

设定短期目标以维持动力

在六个月的长期目标中，设定一系列短期目标，以保持学习的动力和兴趣。例如，可以设定每周掌握一定数量的新词汇或达到一定的编程技能水平。每达成一个短期目标，给自己一个小奖励，比如一顿美餐或一个休闲娱乐的晚上。

合理安排休息，防止疲劳

长时间集中精力学习可能导致疲劳。确保在每个学习周期中安排足够的休息时间。例如，每学习50分钟，安排10分钟的休息时间，进行身体拉伸或短暂散步。此外，确保每晚有充足的睡眠，以保持第二天的学习效率。

实践应用与反馈循环

学习不应只停留在理论层面，将所学知识应用于实际情景中极为重要。比如在学习新语言时，尝试用所学语言进行日常对话；在学习编程时，参与实际的编程项目。同时，寻求外部反馈，如参加学习小组或寻求专业人士的指导，以便及时调整学习方法和方向。

29 交叉法

将不同学科的知识相互融合，以提升学习的深度

原理： 通过将一个领域的知识应用于另一个领域，学习者能够开发新的思考方式，促进创新思维和深入理解。

应用场景： 创新思路，适用于提升跨学科思维能力、解决综合性问题，增强学习兴趣和创造力。

实操技巧： 选择两个或多个感兴趣的领域，定期交替学习它们。在学习过程中，寻找不同领域之间的潜在联系。

想要在长时间的学习中保持高效吗？这似乎是个令人头疼的问题，不妨试试交叉法。这种独特的学习方法能够帮助你在持续学习时保持新鲜感和高效率。通过交叉学习不同的领域，让学习变得更加有趣，而且能够促进深层次的理解和创新。

交叉法并没有一个具体的"发明者"，免其深受多学科交叉理念和综合教育理念的影响。这种学习方法反映了现代教育趋势，强调跨学科思维和创新能力的培养。

✏️ 多学科融合创新

教育专家和心理学家们通过研究发现，多领域的交叉学习能够提高思维的灵活性和创造力，促进更全面的知识掌握。这种学习方法鼓励学习者跨越学科边界，将不同领域的知识和技能相互结合，从而形成新的知识结构。学习者能够在不同学科间建立联系，发现它们之间的联系和相互影响之处。

例如，学习者可能先学习了物理的力学原理，然后探讨这些原理在体育运动如足球或篮球中的应用。接着，他再回到物理学科，用实际的运动案例来解释力学概念。这种学习循环不仅有助于巩固每个学科的知识，还能激发创新思维，帮助学习者在理论和实践之间建立连接。通过这种方法，学习者能够全面掌握知识，同时避免长时间集中在单一学科可能引起的学习疲劳和效率下降。

交叉法如何让学习者持续保持高效率？

交叉法不仅丰富了学习的内容，还提高了学习者学习的深度和广度，激发了创造性和创新能力。学习者通过将一个领域的思维方式应用于另一个领域，能够发现新的知识联系和创新思维路径，从而在学习过程中保持新鲜感和动力。

张伟是一名计算机系的学生，同时也对心理学充满兴趣。他决定使用交叉法来同时提升他的编程技能和心理学知识。

目标设定

张伟的目标是利用心理学知识来改善用户界面设计，并使用编程技能来开发心理学实验和测试。

计划制定

张伟每周分别安排时间学习软件开发和心理学理论。在学习软件开发时，他特别关注用户体验和界面设计。在学习心理学时，他着重于用户认知和行为模式。

知识融合

在学习心理学的过程中，张伟开始思考如何将心理学原理应用到软件设计中，比如使用色彩心理学原理设计界面来提升其对用户的吸引力，或者根据注意力理论来优化界面布局。

实践应用

张伟在自己的项目中实践了这些理论。他设计了一个应用程序，其界面和功能均基于心理学原理，以期提升用户体验。

效果评估

通过用户反馈和使用数据，张伟评估了设计的有效性，并据此调整和改进。

通过交叉学习，张伟创造了一个独特且有效的产品。

掌握学习方法的关键

● **选择并了解学习领域**：确定你想要交叉学习的两个或多个领域。

● **寻找领域间的联系**：研究不同领域之间的潜在联系。

● **制定交叉学习计划**：制定一个具体的学习计划，确保计划中既有对单独领域的深入学习，也有将两个领域知识结合的实践。

● **实际应用和反思**：尝试将一个领域的知识应用到另一个领域的实践中。进行创造性的实验，探索新的可能性，并定期复盘了解哪些动作有效，哪些需要调整。

温馨提示：记得保持开放和创造性的思维。最初，不同学科间的知识可能看起来没有直接联系，但正是探索融合的过程，往往能够带来新的洞见。

交叉法实践指南

避免信息过载

　　同时学习多个领域，容易感到信息量过大。为此，可以分阶段学习。例如，如果你同时学习编程和心理学，可以一周专注编程，下周转向心理学，轮流交替。这样既保持了学习的深度，又避免了同时处理过多信息的压力。

寻找领域间的深层联系

　　在使用交叉法寻找领域间的深层联系时，关键在于深入理解各学科的核心概念，并探索这些概念在不同领域的应用方式。例如，可以将数学中的图形对称性与艺术设计关联，帮助理解图形的同时也能创造视觉平衡感的作品。

克服学习动力不足

　　当进展缓慢或遇到困难时，学习动力可能下降。设立小目标和奖励机制可以提高动力。例如，每完成一个跨学科项目或达到一定的学习里程碑，就奖励自己一次短途旅行或其他感兴趣的活动。

注重实践

　　仅仅理论学习可能不足以深入掌握交叉法，更需要通过实际项目来应用。例如，如果你在学习编程和心理学，可以尝试开发一个心理学测试的软件。通过实践，加深理解。

30 理想困难学习法

引入适度挑战，增强学习深度，提升个人能力

原理：该方法基于认知心理学，认为通过增加学习任务的难度，可以激励大脑更加努力地工作，从而加强对信息的处理和记忆。

应用场景：挑战跳出“舒适区”。适用于希望在挑战中提升自我、克服学习困难的学习者，通过面对和解决难题让自己的能力更上一层楼。

实操技巧：在学习时故意设置障碍，比如使用更加复杂的笔记方式、刻意提高学习资料的获取难度，或在不熟悉的环境中学习等。

你是否曾想过，让学习变得更有挑战性可以帮助你学得更好？这就是理想困难学习法的核心理念。不要害怕困难，它们其实是你通往成功的秘密武器！

这种学习方法的思想最早可以追溯到心理学家罗伯特·比约克的研究。他在学习和记忆领域做出了开创性的贡献，发现在学习过程中引入适度的困难可以显著提高记忆力和理解能力。这种方法后来被称为“理想困难”，这些困难是“故意为之”的，旨在提升学习能力。

挑战促进成长

通过在学习过程中引入适当的障碍和挑战，比如使用更加复杂的解题方法或在有干扰的环境中学习，可以激发大脑更加积极地处理信息。这个方法强迫你跳出舒适区，迫使你的大脑以更加高效的方式工作。

通过使用理想困难学习法，学习者对知识可以达到更深层次的理解和更持久的记忆。它特别适用于那些需要深度理解和长期保持的知识领域，如语言学习、专业技能培养或复杂概念的掌握等。比如，尝试用不同的方式解决数学问题或在嘈杂的咖啡厅背单词，都可能提高你的学习能力。通过这种方式，你会发现学习变得有挑战性，记忆也更加牢固。

理想困难学习法如何让难度成为你的超级学习助力？

"理想困难"可以通过多种方式实现，例如通过限制可用的学习资源，提高对信息检索和理解的难度；或者在有干扰的环境中学习，增加对外部干扰的屏蔽能力。还可以尝试不同的学习方式，如采用不熟悉的笔记方法，或者尝试用新的角度解决问题。这些挑战可以让大脑不得不更加努力地工作，从而提升能力。

小薇是一名大学生，她正在学习法语词汇，小薇应用了理想困难学习法，通过以下方式进行学习。

学习方式的改变

小薇采用间隔背诵的方法记忆单词。她将单词分组，分组单词，都是隔几天后再回顾。这种间隔复习增加了记忆的难度，但也促进了记忆能力的培养。

学习环境的挑战

小薇尝试更换不同的环境进行学习，如图书馆、咖啡店或家中不同的房间。这种环境的变化有助于适应能力的锻炼。

学习内容的综合

小薇在学习单词时不局限于同一主题，而是综合不同主题或类型的单词进行学习。这种综合学习要求大脑进行更多的思考和连接，从而加强思考能力。

学习效果的检验

小薇通过自我测试的方式来复习单词。例如，她可能会看单词的定义，然后尝试回忆相应的单词，或者通过写作和口语练习来使用这些单词。

通过多种方式，增加学习过程中的"困难"，虽然短期内我们可能感觉更费力，但我们的能力在过程中得到锻炼与提升。

掌握学习方法的关键

🟠 **确认学习内容和目标：**学习一门新语言、一个专业科目或任何需要深入理解和掌握的新技能。

🟡 **设计理想困难：**可以是限制自己只使用特定的学习资料，或在不同的环境中进行学习，或是使用更复杂的学习方法。

🟡 **实践并应对挑战：**重要的是要持续挑战，即使遇到困难也不要放弃。记住，"挑战"就是这个方法的关键。

温馨提示：挑战虽然有助于学习，但过度的难度可能会导致挫败感。要找到适合自己的困难平衡点。

理想困难学习法实践指南

应对过度挑战

有时，过高的难度可能导致挫败感。例如，若李雷在学习新语言时，过分注重参考复杂的语法书而忽视基础，常常感到沮丧。解决这个问题的关键是调整并找到适合自己的难度，再逐步提升难度。

避免效率降低

"困难"可能在一开始会降低我们的学习效率。如张华在学习编程时尝试直接挑战复杂项目，学习进展十分缓慢。发现问题后，可以调整阶段性目标，先从基础项目开始，逐步过渡到复杂项目。

维持持久的动力

长期面对挑战，动力可能减弱。王婷在备考期间，因连续解决难题而感到疲惫。应对这种情况，建议设置小的里程碑和奖励机制，比如每解决一个难题，就允许自己短暂休息或进行喜欢的活动。

适应新学习模式

初次尝试理想困难学习法时，可能难以适应。初期表现可能是难以集中注意力，但关键在于持之以恒。初期可以设定较短的学习时间，再逐渐延长学习时间。

第八章

综合实践　提升能力

综合实践能力是现代社会对人才的重要要求，本章将为你介绍如何通过对多个实践策略，全面提升您的综合实践能力。通过本章的学习，您将更好地应对现实挑战，实现个人价值的最大化。

31 六顶思考帽

通过六种不同的思考模式，有序、全面地思考问题

原理：切换不同的"思考帽"，从多角度审视问题，每顶帽子代表一种思考方式。

应用场景：特别适用于解决复杂问题和决策时刻。

实操技巧：在思考过程中，有意识地切换不同颜色的思考帽，以激发多维度思考。

学习也可以表演帽子戏法！如果你能够像切换帽子一样轻松切换思考方式，从不同角度审视一个问题，你的学习和决策过程会有多么高效和全面！六顶思考帽正是这样一个强大的工具，它让你的思考不再局限于单一维度。

六顶思考帽由爱德华·德·波诺在 20 世纪 80 年代提出。作为一名著名的思维训练专家，爱德华·德·波诺通过这种方法帮助人们更有效地进行团队协作和个人思考。

多维度思考

六顶思考帽法通过"更换帽子"，促使学习者从不同的维度审视问题。白帽代表客观的事实分析，蓝帽管理思维，黄帽帮助你发现机会，红帽代表情感和直觉，绿帽象征创新和创意思维，而黑帽则关注风险。通过在不同的思考模式之间切换，学习者可以更全面地理解问题，并生成更为全面的解决方案。它特别适用于解决需要综合不同观点、数据和情感判断的复杂问题。

如何穿梭于思考的多维空间？

六顶思考帽的应用不仅是一种技巧，更是一种思维训练。使用这个方法，重点在于理解每顶帽子代表的思考方式，并能够在讨论或个人思考过程中灵活切换。例如，在面对一个问题时，首先戴上白帽，客观分析现有数据和事实；然后换上红帽，探究个人的直觉感受；接着通过黑帽考虑潜在的风险和挑战；绿帽则帮助你探索新的可能性和创新解决方案。

安娜是一名大学生，正在面对一个具有挑战性的分子生物学项目决策，她需要确定研究方向并决定使用哪种实验方法。她决定采用"六顶思考帽"的方法来系统地评估，从而做出更明智的决策。

白帽 事实与信息

安娜首先收集所有相关的事实信息，包括不同实验方法的成功率、所需资源和时间，以及之前类似研究的数据等。

红帽 情感和直觉

她列出了自己对各种实验方法的直觉反应和情感，诸如对某种技术感到激动或对另一种方法感到不安。

黑帽 批判性思考

安娜从潜在的风险和问题的角度审视每种方法，思考哪种方法可能面临的挑战和实验失败的风险。

黄帽 乐观地思考

她考虑最佳情况下，每种实验方法可能带来的成功和对她未来学术生涯的潜在好处。

创造性思考

绿帽

在此阶段，安娜思考是否可以结合不同的实验方法或完全创新一种新的方法来提高研究的效果和效率。

控制和组织过程

蓝帽

最后，安娜用蓝帽总结了讨论的结果，规划接下来的工作步骤，包括选择最适合的研究方法，并制定详细的实验计划和时间表等。

通过这种多角度的思考，安娜能够全面评估各种选项，从而做出更合理和有根据的决策。这个例子展示了"六顶思考帽"在做决策时的实际应用，提供了一个结构化和全面的思考框架。

掌握学习方法的关键

● **了解每顶帽子的含义**：开始之前，深入理解每顶思考帽代表的思考模式。

● **练习独立使用每顶帽子**：在日常学习或决策过程中，尝试单独使用每顶帽子。

● **组合使用多顶帽子**：熟悉了每种思考模式后，尝试将不同的帽子组合起来使用。

● **反思和调整应用方式**：在使用六顶思考帽法后，适时复盘效果。思考哪些帽子的应用最有效，哪些需要进一步练习或调整，以便更好地适应不同的思考情境。

温馨提示：重要的是保持开放的心态。不要拘泥于单一思考模式，而是要根据实际情况灵活运用不同的帽子。

六顶思考帽实践指南

面对困难时切换思考模式

当在某个特定思考模式下遇到难题时，尝试切换到另一种模式。比如，如果在使用黑帽风险评估时感到困难，可以切换到绿帽创意思考，寻找创新的解决方案。李华在策划一项新项目时，在使用黑帽评估时感到悲观，随后使用绿帽提出了几个创新的方案，以改善困境。

避免过度依赖某一顶帽子

注意不要长时间停留在某一思考模式上，以防陷入思维定式。如果发现自己总是倾向于某种特定的思考模式，应有意识地多练习其他帽子的使用。小张在小组讨论中发现自己总是采用黑帽批判，于是他开始有意识地练习黄帽乐观思考，以平衡视角。

在团队中平衡不同帽子的使用

在团队讨论中，确保每顶帽子都有机会被使用，以达到全面的思考。如果团队成员倾向于某些特定的思考模式，作为领导者可以引导他们尝试其他帽子。赵经理发现团队在项目讨论中过于关注风险黑帽，于是他引导团队使用绿帽进行创新思维。

在决策过程中综合不同帽子的观点

在使用六顶思考帽法做出决策时，重要的是综合各种模式下的观点，形成全面的决策。不要忽视任何一方带来的见解。在研究决策时，可以记录下每顶帽子下的主要观点，然后综合这些信息做出最终决策。

32 元认知策略

自我监控，调节学习过程，提高学习效率和思维能力

原理： 基于对自我认知过程的认识，有意识地通过监控、评估等动作调控自己的学习活动。

应用场景： 制定更有效的学习计划，提高自我监控和调节能力。

实操技巧： 设定明确的学习目标，持续自我评估，及时反馈调整学习策略。

想象一下，如果我们能够了解自己的认知过程，掌控自己的学习进度，及时调整自我以应对不同的挑战，是多么奇妙的体验。

元认知理论最早由心理学家约翰·弗拉维尔在 1976 年提出。他定义了元认知为"对自己认知过程的认识和控制"。这个理论在教育心理学和认知科学领域产生了深远影响，帮助人们成为更自觉、更有效的学习者。

自我导向的学习

元认知（Metacognition）一词源自希腊语"meta"（超越）和"cognition"（认知），直译为"超越认知"或"认知的认知"，用来描述人们对自己认知过程的意识、理解和控制，包括计划、监控和评估自己的学习和思考活动。之所以称为"元认知"，是因为它是对认知活动的高层次反思和调控，不仅仅是学习或思考本身，更重要的是对这些过程的理解和优化。通过元认知，个体能够认识到自己的学习方式、思

维习惯，并在此基础上做出调整，以更有效地达成学习目标，提高问题
解决能力。简而言之，元认知让我们能够成为自己认知的主人，通过自
我反思来优化认知效果。

做学习规则的改变者

元认知策略是个人学习计划的强大工具。它教会我们如何通过自我监
控和调整来优化学习过程，让我们成为更高效的学习者。

李华是一名大学生，面对即将到来的期末考试，他决定应用
元认知策略来提升学习效率。

规划阶段

在规划阶段，李华明确了目标：掌握课程核心概念并解决经典难
题。他制定了一个包括阅读指定教材、参加学习小组和完成在线自测
的学习计划。

监控阶段

在监控阶段，李华使用学习日志记录每天的学习活动，包括对概
念的理解程度和遇到的挑战。他发现自己对某些历史事件和理论概念
理解得不到位。

调整阶段

进入调整阶段，李华选择了与同学一起讨论和利用其他学习资源
深入理解难点。此外，他还调整了学习时间，留出更多专注学习时间，
确保学习效率。

成果

最终，李华取得了优异成绩，通过了考试。更重要的是，他学会了如何自我管理学习过程，这对他未来的学习和生活都有着重要的影响。

通过李华的例子，我们可以看到元认知策略如何使学习者对自己的学习过程有更深的理解和控制，无论是在学术研究还是个人发展领域，使用本策略都能取得显著成效。

在使用元认知学习法时，建议定期进行深入的自我评估。例如，在学习一个新概念后问自己："我是否真正理解了这个概念的核心？""我需要采取哪些具体步骤来加深理解？"通过这种反思和调整，你可以更高效地掌握知识，达到更好的学习效果。

掌握学习方法的关键

🔶 **自我评估：**首先，确认自己的学习需求和目标。反思过去的学习经历，找出自己的优势和需要改进的地方。

🔶 **制定计划：**根据自我评估的结果，制定一个具体而实际的学习计划。包括设定清晰的学习目标，选择合适的学习资源，规划学习时间表等。

🔶 **执行并监控：**在学习过程中，持续监控自己的学习进度。这可以通过自我测试、总结笔记或与他人讨论等方式来实现。

🔶 **反思调整：**定期回顾自己的学习过程，评估是否达到预期目标，如果有偏差，找出原因并调整学习方法。

温馨提示：元认知是一种持续的、动态的过程，它要求我们不断练习和改进。

元认知策略实践指南

坚持自我监控与反思

学习者需要实时自我监控，记录学习进度和遇到的问题。例如，在学习编程时，可以每天记录学习的新概念和遇到的难题，反思解决问题的方法和效率，从而调整学习策略。

关注策略选择与适应

根据学习内容和个人特点选择合适的学习策略。例如，在学习历史时可以制作时间线图表，将重要事件和人物可视化，帮助更好地记忆和理解。

注重时间管理与计划

元认知策略与时间管理和计划性紧密结合，能够显著提高学习效率和成效。这种结合强调学习者主动地参与到自己的学习过程中，通过设置具体的学习目标、制定详细的时间表和不断调整学习计划来优化学习活动。例如，学习者可能发现在早晨学习新概念比下午更有效，据此调整时间表以利用高效的学习时间。

合理的资源利用与整合

在资源利用与整合上，元认知策略发挥着关键作用。学习者需要首先对自身学习需求进行评估，明确所需资源类型。接着，他们要积极寻找、选择和整合适合的资源，以支持他们的学习目标。这可能涉及选择教科书、网络课程、学术论文、实验工具等不同形式的资源，并结合个人学习偏好和目标进行整合利用。

33 多元智能理论

基于个体特长进行发展规划

原理： 主张每个人拥有多种智能形式，如语言、逻辑数学、音乐等，各具特色且相互关联，通过针对性培养和实践可以全面提升个人潜能。

应用场景： 适用于个性化发展规划。

实操技巧： 确认并利用个人的主要智能类型，选择匹配的学习方法，从而发展个人潜能。

"每个人都是一位天生的艺术家，只是智能的展现形式各异。"这正是多元智能理论的核心所在。它打破了传统的教育模式，为每个个体提供了发现自我、发挥潜力的新途径。

多元智能理论是由美国心理学家霍华德·加德纳在 1983 年首次提出的。在他的著作《智能的结构》中，加德纳提倡智力是多维度的，不应仅仅通过传统的语言或逻辑数学能力来衡量。他的理论启发了全新的教育观念，认为每个人都拥有不同的智能类型，如语言、逻辑数学、音乐、空间等。

个性化学习

多元智能理论强调根据个人的主要智能类型来选择和设计学习策略，从而最大限度地发挥每个人的学习潜力和优势。使用这一理论，首先要进行的是自我探索，了解自己在哪些智能领域表现出色，比如音乐、逻辑数学、身体运动、人际交往等。然后，根据个人的强项选择适合的学习方式，例如，音乐智能高的人可以通过创作歌曲来记忆历史事实，逻辑智能强的人则可能更喜欢通过推理分析来理解世界。通过这种方式，每个人都能通过自己擅长和感兴趣的方式进行深入学习，从而使学习过程既高效又愉悦。

如何激活你的超能智慧?

要实践多元智能理论，关键是识别并利用好自己的主导智能。比如，逻辑数学智能强的人可以通过解谜和逻辑推理深化学习，而音乐智能强的人则可以通过创作或音乐记忆来吸收新信息。

李华是一名大学生，对历史充满兴趣，但始终感觉自己的历史学习进展缓慢。

探索优势智能

李华首先注意到了自己在团队项目中经常自然而然地承担起协调者的角色，善于激发讨论，使团队合作更加高效。在日常生活中，他也经常是朋友聚会的组织者和话题的引导者。此外，他回顾老师和同学们给予的反馈，常常提到他的团队精神和沟通能力。

验证优势智能

李华参加了几个在线的多元智能测试，并且花时间阅读关于不同智能类型的资料，尤其是人际交往智能，最终确认了他在人际交往智能方面有显著的优势。

利用优势智能

基于这些发现，李华开始有意识地寻找可以利用他的人际交往智能的学习方法。他决定在学习历史时，不过多依赖传统的阅读和笔记，而是更多地寻求与人交流的机会。他加入了学校的历史学习小组，积极参与小组讨论，甚至开始主动组织学习讨论会，邀请感兴趣的同学一起探讨历史主题。

通过这种方式，李华不仅加深了自己对历史知识的理解，还发现通过教授他人，更好地巩固了自己的知识。同时，他也从同学们那里学到了从不同的视角看待问题，这让他的学习效果更好。

李明的这种学习方法取得了显著的成效。他不仅在历史学科上取得了进步，更重要的是，实践了如何根据自己的优势选择最适合自己的学习方式，这增强了他的自信心也加大了他的学习动力。

掌握学习方法的关键

● **自我评估**：首先，评估确认自己的主导智能类型。可以通过测试，反思自己在日常生活中的表现等方式确认。

● **选择适合的学习资源和方法**：根据主导智能类型，选择适合的学习资源和方法。例如，如果你的音乐智能较强，可以尝试用歌曲来记忆知识内容；如果你的空间智能较强，可以通过图表和视觉化工具学习。

● **实践应用**：将所学知识应用到实际情境中。如果你的人际智能较强，可以通过小组讨论或教授知识的方式来巩固；如果你的自然观察智能较强，可以通过外出实地考察来学习自然科学。

● **持续反思和调整**：在学习过程中不断复盘自己的学习效果，根据反馈调整学习策略。例如，如果某种方法没有带来预期的效果，尝试换一种方法，或者寻求同伴的帮助等。

温馨提示：每个人的智能特点是独一无二的。可以多尝试，找到适合自己的学习方式。

多元智能理论实践指南

克服单一学习方式的局限

不要局限于一种学习方式。例如，如果你通常依赖阅读和笔记，那这次就尝试加入讨论小组或参与创意项目。这样可以帮助你发现新的优势。张华以往总是通过阅读来学习，但在参与讨论组之后，他发现自己能更深入地理解复杂概念了。

平衡不同智能的发展

虽然依据自己的主导智能学习是有效的，但也要努力提升其他方面的智能。例如，如果逻辑数学智能较弱，可以通过解谜游戏或数学应用来逐渐增强这方面的能力。比如李莉在音乐和视觉艺术方面表现出色，但她会定期参加数学小组活动，来提高自己的数学能力。

及时调整

如果某种学习方式不奏效，不要气馁，而是要调整学习策略。寻求教师、同伴的帮助，找到更适合自己的学习方式。例如王刚最初尝试通过视频学习编程，但感到困难。后来，他转而进行实践编程项目，发现这种方法更适合自己。

利用科技辅助学习

现代科技提供了多种学习工具和资源，学习者可以根据自己的智能类型选择适合自己的。例如使用应用程序来学习外语，或通过在线课程来发展自然观察智能。赵薇使用外语学习应用程序，通过听力和口语练习提高了语言智能。

34 实践学习法

通过实践加深对知识的理解，加强对知识的应用

原理：强调通过实践活动进行探索、测试和学习，以加深理解和提高应用能力。

应用场景：更适用于科学、工程、技术和其他需要实际操作和实验验证的领域。

实操技巧：在学习过程中积极参与实验设计、执行和分析，通过实际操作来测试理论和假设。

通过动手实践来掌握知识，学习将变得多么生动和有效！实践学习法让你跳出传统的书本学习，直接进入实际操作和实验的世界，让学习变得更加真实和有意义。

实践学习法的理念源自约翰·杜威的教育理论，他强调"通过做来学习"的重要性。杜威认为，真正的学习发生在学习者与其环境的互动中，实践活动是理解和应用新知识的关键。

实践促进理解

实践学习法的核心是通过实际操作和体验来促进学习。它强调学习者主动参与和建构知识的过程，将理论知识置于实际情境中，让学习者通过解决问题和应对挑战来获取知识和技能。实践学习法注重学习的意义和应用，鼓励学习者在实践中不断反思和调整，持续精进并提升自己的能力和

水平。这种实践性的学习过程使学习者能够从抽象概念中获得具体经验，能够在实践中发现知识的实际应用，从而更加深刻地理解学习内容。

✎ 实践学习法如何让你的理论知识活起来？

实践学习法需要设计和实施实验，以验证和探索理论概念。在实施过程中，学习者需要仔细观察实验结果，分析数据，并将观察到的现象与理论知识联系起来。学习者要在实验过程中保持好奇心和开放性，以及愿意从错误中学习。实验不仅是验证理论的手段，也是一种探索未知和发现新知识的过程。

李明是一名心理学的学生，他正在学习关于心理学经典条件作用原理的内容。在传统学习中，他可能会阅读大量的教材资料和学术文章，以获取理论知识。然而，实践学习法为他提供了一种更加活跃和身临其境的学习方式。

李明决定采取实践学习法来加深自己对经典条件作用的理解。他散步时会经过一个公园，在这个公园的特定区域，每次经过时他都会发出一个特定的声音，（比如轻轻的口哨声）。接着，在这个声音响起的同时，给自己一个愉悦的奖励，吃一块巧克力。

通过不断重复这个过程，李明开始观察到一个有趣的现象：每次他经过那个区域时，他都会感觉到一种愉悦，即使在没有发出声音或者吃巧克力的情况下也是如此。这让他更深入地理解了经典条件作用的原理，即条件刺激，引发特定的愉悦情绪反应。

通过亲身实践，他将理论知识与实际经验相结合，加深了对心理学理论的理解，这使得他对经典条件作用的概念有了更深入的领悟。这种亲身经历让他更加自信地应用所学知识，并激发了他对实践性学习方法的兴趣和探索欲望，为他未来的学习和研究提供了重要的启示和指导。

掌握学习方法的关键

● **实践性学习**：通过亲身实践，将理论知识转化为实际经验，加深对知识的理解和记忆。

● **应用性学习**：将学到的知识应用到实际场景中，通过解决问题和面对挑战来巩固所学内容。

● **经验反思**：反思实践过程中的经验和教训，总结经验教训，发现问题并改进学习方法。

● **探索性学习**：鼓励探索和实验，培养独立思考和解决问题的能力，从而加深对知识的理解和应用。

● **持续实践**：不断进行实践和反思，持续提升实践能力和知识水平，形成良好的学习循环。

温馨提示：不要害怕犯错或遇到失败，每次实验，无论成功与否，都是对理论知识深入理解的机会。

实践学习法实践指南

应对实践失败

在实践中，失败是常见的，但也是宝贵的学习机会。当失败发生时，要保持冷静和乐观，反思失败原因，调整学习方法，勇于重新尝试。通过不断实践和反思，逐渐克服困难，取得进步，最终达成学习目标。

管理实践资源

明确学习目标和所需资源，制定详细的实践计划，合理安排时间和任务优先级。在实践过程中及时调整计划，根据情况分配资源，保持专注和动力。利用各种学习工具和平台获取知识，定期评估学习效果，总结经验教训，不断提升学习效率。

做好数据准确记录与分析

记录实践中的数据时，要简洁明了。然后采用适当的分析方法，如统计分析、图表分析等，深入挖掘数据。最后，根据分析结果总结经验，反思并调整策略，不断优化实践过程。

注重从理论到实践的连接

将理论知识与实践连接的关键在于有效的行动计划。首先，深入理解理论知识，明确目标与预期结果。然后，制定可行的实践计划，包括明确任务、分解步骤、设定时间表等。在实践过程中，及时调整策略，根据反馈不断改进。最后，对实践结果进行评估和总结，为下一轮实践提供指导。

35 角色模拟法

通过角色扮演和情景模拟增强学习体验

原理： 扮演角色，于模拟特定情景中互动，更好地理解和掌握知识或技能。

应用场景： 适用于技能训练与提升。

实操技巧： 选择与目标技能相关的角色，深入研究该角色的背景和特点，然后在模拟的情景中扮演该角色，通过实践加深理解。

角色模拟法让你通过实际扮演来深入体验和理解学习内容，整个过程身临其境。

角色模拟法起源于戏剧和心理治疗领域，后来被广泛应用于教育和培训中。通过使用角色模拟学习法，学习者可以达到更深入的情景理解、更强的同理心体验以及更有效的技能掌握。

深入体验与实践

角色模拟法的核心在于通过模拟和扮演不同角色，让学习者深入体验学习内容。这样的学习过程不仅增强了记忆，还促进了学习者的情感参与，尤其在培养社交技能、提高语言能力方面效果显著。通过角色模拟，学习者能够更全面地理解复杂的情景和不同角色的视角，从而获得更深刻的学习体验。

如何通过角色扮演深化学习体验?

在学习过程中,角色扮演是一种引人入胜的学习方法,它能够将学习者置身于各种情景之中,从而深化对知识的理解和体验。通过扮演不同的角色,学习者能够身临其境地感受到学习内容的应用场景,这种亲身参与的体验能够激发学习者的兴趣和动力,使他们更加积极地投入到学习过程中。

小明是一名销售代表,他意识到自己在与客户沟通时存在一些问题,因此决定学习人际沟通技巧。他与小组成员选择了角色模拟法来进行实践。

角色设定

小明将扮演一个面临客户抱怨的销售代表。

情景设定

情景是一个模拟的客户服务场景,客户向小明抱怨产品质量问题,表达了不满和要求退款的意愿。

角色扮演

小明需要扮演销售代表的角色,与模拟客户进行对话。他需要倾听客户的抱怨,表达理解和同情,同时使用积极的语言和解决问题的态度来应对客户的要求。例如,小明可以表达理解客户的不满,并表示愿意尽快解决问题,提供退款或更换产品的方案,并主动询问客户是否还有其他需求或疑问。

角色切换

在情景结束后，小明可以切换角色，扮演客户的角色，体验从另一个视角看待问题。他可以尝试表达自己的不满和期望，观察销售代表的反应，并思考如何更好地沟通和解决问题。

反馈和总结

结束后进行反馈和总结，小组成员共同讨论小明在角色扮演中的表现，包括沟通技巧、情绪管理、问题解决能力等方面的优点和需要改进之处，以及如何将学到的经验应用到实际工作中。通过反馈和总结，小明可以更深入地理解和应用人际沟通技巧，提升自己的专业能力和工作效率。

通过对角色模拟的过程，小明加深了对客户需求和情绪的理解。在与模拟客户的交流中，他学会了如何表达理解和同情，如何提出解决问题的方案，并意识到换位思考对于改善沟通效果的重要性。

掌握学习方法的关键

角色选择与背景研究：选择一个与学习内容相关的角色，并深入研究该角色，这有助于在模拟过程中更加自然和真实地扮演角色。

设计逼真的模拟情景：根据角色的特点和学习目标，设计逼真的模拟情景。模拟情景应该能够让你在安全的环境中实践所学知识，同时也提供足够的挑战。

角色扮演和实践：在模拟情景中，全身心地投入角色扮演。尝试模仿角色的行为、语言甚至思考方式，以便更深入地理解和体验所学内容。

温馨提示：不要拘泥于角色的具体细节，而是要专注于通过角色扮演来增强对学习内容的理解和应用。

角色模拟法实践指南

做好角色选择

如果在选择角色时感到困难，可以从自己感兴趣的领域开始，选择一个与自己背景或目标接近的角色。小明在学习历史时，选择了与他年龄相仿的历史人物，这让他更容易投入角色并理解历史事件。

克服情景设计的挑战

若在设计模拟情景时遇到困难，可以基于现实生活中的场景进行简化和改编。小芳在学习英语时，设计了一系列基于她日常生活的模拟情景，如在餐厅点餐或在商店购物，这些情景既简单又实用。

应对角色扮演的不适感

如果在角色扮演过程中感到尴尬或不自然，可以先从模拟一些简单的日常对话开始，逐渐增加情境的复杂度。李老师在课堂上引导学生通过模拟简单的日常对话来练习外语，帮助学生逐渐适应角色扮演。

注重反思与调整

反思过程中，如果发现学习效果不理想，可以调整角色特性或模拟情景，甚至尝试其他学习方法以寻求更好的学习效果。例如，在扮演商业领袖的角色时，王同学发现难以理解复杂的商业策略，于是他调整了角色设定，将其简化为一位刚起步的创业者，使模拟过程更加顺畅。

36 游戏化学习

通过寓教于乐的方式，提高学习者的学习兴趣

原理：通过游戏的互动性和趣味性，激发学习者的主动学习动力和探索精神。

应用场景：在需要激发学习兴趣和动力，提高学习参与度和效果的教育、培训场合非常有效。

实操技巧：设计和选择与学习内容紧密相关的游戏，确保游戏活动既有趣又富有教育意义。

如果学习不再是枯燥的任务，而是一种有趣的游戏，会是怎样的情景？游戏化学习将这种想象变为现实，它通过将学习内容融入游戏中，使得学习过程既轻松又高效。

游戏化学习的概念源于 20 世纪的教育理论，它的推广和发展得益于多位教育家和心理学家。其中，让·皮亚杰的认知发展理论强调了游戏在儿童认知和社会能力发展中的重要作用，而西摩·帕珀特的"建构主义学习理论"进一步提出了通过游戏来促进学习的观点。

寓教于乐

游戏化学习有独特的吸引力和高互动性，将学习内容融入游戏的形式中，让学习者在玩乐的同时获得知识和技能。这种方法依托于游戏设计，通过设置目标、规则、互动和反馈机制，创造一个既有趣又具有教育意义的环境。应用过程中，学习者被引入一个设计精巧的游戏世界，其中包含

了待学习的知识点。学习者通过完成游戏中的挑战和任务,逐步掌握所需的知识或技能。这个过程提高了学习者的参与度和动力,使他们在解决问题和达成游戏目标的过程中,自然而然地学习和应用新知识。

如何将玩乐变为高效学习?

在游戏化学习的应用中,重点在于选择或设计与学习内容相关的游戏,并确保游戏活动与教学目标紧密结合。游戏应当既有教育意义,又能够激发学习者的兴趣。

小华是一名对历史感兴趣的中学生,他正通过一个历史探索游戏来丰富世界史知识。

游戏设计细节

小华参与的历史探索游戏被设计得非常细致,每个历史时期都有其独特的环境、角色和任务。例如,在探索古埃及时期,游戏者有建造金字塔的任务,其中涉及古埃及的文化、建筑技术等知识。

角色扮演和故事叙述

在游戏中,小华扮演不同的历史人物,古希腊的哲学家或中世纪的探险家。通过这些角色,他不仅了解了当时的重要事件,还体验了当时人们的生活方式。

互动性和挑战

游戏中可以设置一系列任务,如解决谜题、制定战略或进行外交谈判。这些任务需要小华运用他所学的历史知识,同时也锻炼了他的批判性思维和决策能力。

反馈和进步追踪

游戏中有即时反馈机制,让小华能了解自己在挑战时的表现如何。这个机制帮助他认识到自己在哪些领域做得好,以及哪些知识点需要进一步学习强化。

教育和娱乐的结合

游戏完美地融合了教育和娱乐元素,使学习变得生动和有趣。小华在游戏中的每个历史任务都像一个迷你故事,充满趣味。

游戏化学习可以深化学习者对知识的理解,并提高他们的应用和批判性思维能力。小华的经历证明了游戏化学习不仅能够提高学习的趣味性,还能促进深度学习,提升对知识的实际应用能力。

掌握学习方法的关键

⬤ **选择适合的教育游戏**:根据学习内容和目标选择合适的教育游戏。确保所选游戏既能够引起兴趣,又能有效地训练到所需的学习内容。

⬤ **设定具体的学习目标**:在开始游戏前,设定明确的学习目标。

⬤ **参与和交流**:在游戏过程中积极参与,同时与他人交流你的发现和体会。

⬤ **反思和应用**:游戏结束后,思考如何将这些知识应用到现实生活或其他学习领域中。

温馨提示:在使用游戏化学习时,保持积极的探索精神非常重要。你可以在轻松愉快的氛围中掌握复杂的概念,并培养解决实际问题的能力。

游戏化学习实践指南

多样化的游戏选择

探索各种各样的游戏，找到那些既能激发你兴趣，又能帮助你学习新技能的游戏。不论是策略游戏、解谜游戏还是模拟类游戏，重要的是它们能够带给你新的知识和技能。例如，如果你对历史感兴趣，试着玩一些历史主题模拟游戏，这样你可以在享受游戏乐趣的同时学习历史。

结合游戏与生活实践

想办法将游戏化学习应用到你的日常生活和职业技能提升中去。如果你的工作需要团队合作和沟通技能，可以选择那些注重团队协作的游戏。这不仅能让你在玩乐中学习，还能帮助你在现实中更好地与他人合作。

自我驱动的学习和目标设定

为自己设定具体的学习目标，并在游戏中主动寻找达成这些目标的方法。例如，如果你想提高财务管理能力，可以尝试玩一些经营模拟游戏，这样你在娱乐的同时也能锻炼到有关预算管理和资源分配的技能。

游戏学习与个人发展相结合

将游戏学习与个人发展相结合。如果你对某个领域感兴趣，可以找到相关的游戏来提升你在这一领域的知识和技能。例如，如果你对编程感兴趣，可以尝试编程相关的游戏，这样不仅能提高你的编程技能，还能增加你解决实际问题的能力。

37 模拟教学法

通过创建逼真的学习情境，在实践中掌握知识和技能

原理： 基于实践学习理论，通过模拟真实世界的情境，让学习者在安全的环境中练习和应用技能。

应用场景： 特别适用于医学、飞行、商业管理等需要高度实践操作的领域。

实操技巧： 设计和实施模拟情境时，重点放在真实性和相关性上，确保情境与学习者未来的实际应用场景密切相关。

如果你可以在一个完全安全的环境中练习飞行操作，或者在不会对病人造成任何风险的情况下学习手术技巧，会是多么难得的实践体验！模拟教学法正是提供了这样的学习平台，让学习者能够在模拟的环境中安全地练习和掌握复杂的技能。

通过使用模拟教学法，学习者可以深入掌握专业知识和技能，同时提高应对复杂、压力情境的能力。

在实践中成长

模拟教学法通过模拟真实情境或问题解决过程，让学习者实践和体验，以此来掌握知识和技能。这种方法通过创造一个接近现实的环境，让学习者能够在其中尝试、犯错、调整，并从中学习。在使用过程中，首先要确定学习目标和模拟的情境，然后准备相关的材料和工具，确保模拟环境尽可能地贴近实际情况。接着，学习者在这个环境中扮演特定的角色，执行

任务或解决问题，可以通过角色扮演、团队合作等方式进行。

通过这样的过程，学习者不仅可以深入理解理论知识，还能在实践如何应用这些知识，从而提高解决问题的能力和适应真实情景的能力。

如何在模拟世界中掌握真实技能？

模拟教学法的应用关键在于创建一个真实、详细且具挑战性的模拟环境。在这个环境中，学习者可以通过执行特定任务来练习和应用所学知识。重要的是，这些任务应该能够模拟真实世界中的情景，带领学习者为处理真实问题打好基础。

李雷是一名正在接受紧急医疗响应训练的学员。他参与模拟教学法培训来提高他的应急处理能力。

详细的情景设定

李雷参加的模拟训练包括各种复杂的紧急医疗情况，如车祸现场的多重伤害处理，突发的自然灾害中的医疗救援等。这些情景被设计得非常真实，包括模拟的环境音效、患者模型、实时的压力情境等。

专业技能的应用

在每个模拟情景中，李雷不仅要进行医疗处理，还要实时做出关键决策，如优先处理哪些伤员、如何分配资源等。他还需要与其他医疗团队成员协作，共同解决复杂的医疗挑战。

沟通与协调能力的提升

紧急情况下的有效沟通同样是李雷训练的重点。他学习如何在压力大的情境中与队友保持清晰的沟通，并确保所有团队成员都能高效协作。

从错误中学习

模拟训练中，李雷也遇到了失败的情况，如处理不当导致"患者"状况恶化。这些"沉痛"经历让他的成长更加快速、深刻。

技术和理论知识的整合

李雷在模拟训练中不仅应用了他的医疗技能，还需要运用理论知识来指导实践操作，这进一步加深了他对紧急医疗知识的理解和掌握。

通过这样全面且深入的模拟教学法训练，李雷不仅在技术层面上得到了显著提升，还在心理素质、决策能力和团队协作方面获得了重大进步。

掌握学习方法的关键

● **理解模拟目的和结构：** 在开始模拟训练前，深入理解每个模拟情境的目的。明白你将面临的挑战和学习目标有助于更好地准备和参与。

● **积极参与并实践：** 在模拟过程中积极参与，不要害怕犯错。模拟的核心是让你在安全环境中练习技能，因此，勇敢地尝试、实践，并从每次尝试中学习。

● **进行自我反思和评估：** 每次模拟后，花时间进行自我反思。评估自己的表现，思考哪些地方做得好，哪些需要改进，并制定具体的提升计划。

● **应用学习到的知识和技能：** 尝试将模拟中实践的知识和技能应用到其他学习或工作情境中。跨情境应用有助于巩固和加强你的学习成果。

温馨提示： 不要害怕犯错，每次模拟都是一个学习和成长的机会，为实际应用做好准备。

模拟教学法实践指南

克服模拟环境的不适感

初次参与模拟训练时，可能会感到不自在或不真实。克服这种感觉，我们关注点应放在模拟的学习目标上。例如，一位医学生在进行手术模拟时，最初感到紧张和不自然，但当集中注意力于手术技巧的练习后，不适感就逐渐消失了。

提高模拟情境的参与度

在模拟训练中，积极参与和投入是关键。如果发现自己对模拟训练缺乏参与感，可以设定具体的个人目标，如在飞行模拟器中尝试不同的飞行技巧，以提高参与度和学习效果。

从失败中学习

在模拟训练中遇到失败是正常且有价值的。重要的是从失败中学习并改进。例如，一位紧急响应训练的学员在处理模拟火灾情景时犯了错误，导致"救援失败"，但通过这次经历，他学会了更有效的危机管理和决策。

应用模拟经验于现实

将模拟训练中的经验应用到实际工作或学习中。例如，一名商学院学生通过参与商业模拟游戏，实践了市场分析和商业策略制定，并于之后的实习中成功应用这些技能，取得了较好的实习成绩。

结语

随着这本书的最后一页缓缓翻过，让我们以一种更加理性的方式，反思与前瞻。苏格拉底曾经说过："未经审视的生活不值得过。"这句话如同低语，温柔而坚定地提醒我们，生活中的每一刻，无论是充满挑战，还是看似平淡无奇，都值得我们用心体验。正是在这样的思考中，我们萌生了编写本书的初衷，希望在向年轻人介绍学习方法的同时，更深层次地触及如何在日常生活中寻找并创造成就感和价值感这一主题。

在快节奏的现代生活中，我们每个人都不可避免地面临各种压力和挑战，从个人成长到职业发展，从时间管理到应对复杂的社会关系。这些挑战，虽看似与学习无关，实则紧密相连。学习，不只是知识的积累，更是一种提升解决问题能力、增强自我意识、促进个人成长的方式。它使我们能够更好地认识自己，发现并利用自己的优势，以更加积极的态度面对生活。

我们借此书鼓励每一位读者，不仅要在学习上勇于探索新知，更要在生活中勇于将学到的知识转化为实践行动。无论是学习一项新技能，还是解决生活中的一项难题，都需要我们不断地尝试、探索。

每个人的内心深处都藏着期待被发现的愿望。学习是开启可能性的钥匙，它帮助我们在看似平凡的日常中发现生命的不平凡，让每个人的生活故事都闪耀着独特的光芒。学习不仅是知识的获取，更是一场精神的旅行，让我们在探索的过程中不断成长和超越自我。

　　在这本书的编写过程中，我们也一次次地学习、思考和实践。我们希望这本书能够成为你的灵感之源，引领你在知识的海洋中自由航行，在人生的旅程中找到自己的方向和目标。让学习成为一种生活方式，以好奇心带领我们探索未知，以知识为翼翱翔于无际的天空。

　　在这本书的结尾，让我们一起期待，通过学习和实践，每个人都能在自己的生活中找到真正的成就感和价值感，无论是在浩瀚的学问中还是在点滴的生活实践里，都能找到属于自己的那份成就。不只是对知识的追求，更是对生活的热爱和对自我的肯定。

　　让我们带着这份理解和感悟，开启新的旅程，迎接每一个充满可能的明天。